MISTICISMO
NÓRDICO

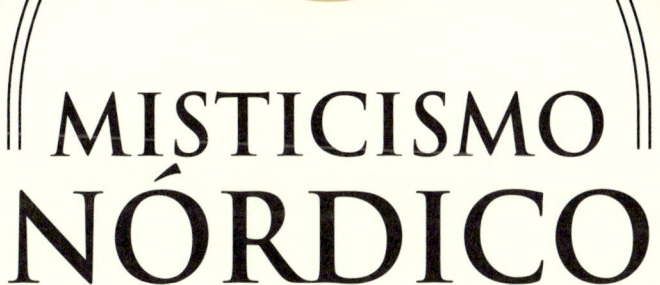

MISTICISMO NÓRDICO

Una introducción
a las tradiciones
y las prácticas
mágicas vikingas

DISA FORVITIN

Librero

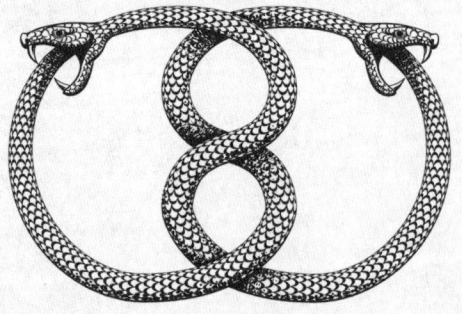

ÍNDICE

INTRODUCCIÓN

Al hablar de mitología nórdica, puede que le vengan a la cabeza imágenes de vikingos y países como Suecia y Noruega. Aunque estas poblaciones practicaban el misticismo nórdico tal como se describe en este libro, gran parte de su folclore, mitología y prácticas procedían de las tribus germánicas del norte. Los dioses y diosas de la mitología germánica temprana se transformaron en las figuras que asociamos con la épica nórdica como *La Edda poética* y *La Edda prosaic*a, es decir, algunos de los documentos escritos más antiguos de mitología nórdica, fundamentales para nuestra comprensión moderna del tema.

Los mitos nórdicos se manifiestan de muchas formas en la cultura pop actual: los cómics del poderoso Thor de Marvel creados por Stan Lee y Jack Kirby (1962–presente) y el libro de Neil Gaiman *Mitos nórdicos* (Ediciones Destino, 2017) tal vez sean los primeros que tenemos en mente. Pese a que estas historias se basan principalmente en las raíces nórdicas tradicionales, no suelen capturar las complejidades del material original ni contribuyen demasiado a relacionarlas con la vida cotidiana de las personas que recibieron su influencia.

Los mitos nórdicos diferían en gran medida de las historias de las religiones abrahámicas (cristianismo, judaísmo e islamismo, por ejemplo), que se concentraban en enseñar la diferencia entre el bien y el mal, la moral y la falta de ética. Sus historias solían ser más parecidas a acertijos que pretendían hacer pensar al lector o al oyente. Los mitos y los relatos servían como herramientas para enseñar a la gente el funcionamiento del mundo y los temas importantes que les afectaban.

La mayoría de las historias mitológicas nórdicas pasaban de una generación a otra a través de la tradición oral, lo que significaba que se transmitían verbalmente. Cada región tenía una versión ligeramente distinta al resto, pues es muy probable que los narradores añadiesen a sus historias referentes locales de la zona relacionados con la geografía, las costumbres y las fiestas. Hoy en día, muchos historiadores, folcloristas y paganos defienden teorías o afirmaciones que se contradicen entre sí. Si profundiza en el misticismo nórdico después de leer este libro, es posible que una parte del contenido de estas páginas tampoco coincida exactamente con lo que pueda encontrar en otras fuentes. Debido a la forma en que se cuentan y transmiten las tradiciones orales (y al hecho de que la consolidación de la mitología nórdica no fue tan efectiva como lo fue la de las antiguas Grecia y Roma), hay muchas y distintas versiones de algunas de las historias icónicas de la mitología nórdica. Muchos *heathens* o paganos modernos (específicamente aquellos que siguen las tradiciones místicas nórdicas) creen firmemente que una interpretación del material original es más verdadera o más precisa que el resto. Algunos incluso creen que ciertos relatos interpretativos son irrespetuosos con las deidades de la mitología nórdica. En la mayoría de los casos, no hay ninguna que sea más correcta que la otra. Sin embargo, el material original ofrece variaciones a la hora de describir cada mito debido a la influencia cultural de la región que reinterpreta y se hace suyo el relato.

A lo largo del libro, verá que algunos de los personajes, lugares y elementos tienen varios nombres distintos. Esto se debe a que estas historias fueron escritas por primera vez por misioneros principalmente cristianos que las transcribieron fonéticamente. Por ese motivo, existen algunas fuentes primarias diferentes que entran en conflicto sobre cómo se deletrean o pronuncian ciertos nombres. Esto no significa necesariamente que alguna de las ortografías sea incorrecta, sino más bien que la fonética cambiaba en función del lugar y el traductor.

ÁMBITO GEOGRÁFICO DE LA CULTURA NÓRDICA

- Tierras nórdicas (Escandinavia Moderna)
- Asentamientos e influencias nórdicas
- Contacto con tribus nórdicas

A lo largo del libro, verá palabras en nórdico antiguo. En muchas ocasiones (en general, cuando hay una referencia específica a personas y lugares) se usará la versión más anglicanizada del nombre. En otros casos, al hacer referencia a un acto mágico, se mantendrá el original en nórdico antiguo y se marcará en letra cursiva. Hay algunos ejemplos en los que la mitología estaba tan extendida que abarcaba varias regiones. Por ejemplo, había nombres en sajón antiguo, alto alemán antiguo y otros nombres anticuados de personajes y lugares. Todos estos nombres se indican por dos razones: primero, si está desarrollando una relación personal con un dios o una diosa, conocer todos sus nombres le ayudará a componer veneraciones para ellos en sus hechizos. Además, algunos de estos nombres parecen iguales y puede resultar confuso determinar cuál de ellos es solo un nombre más de Odín y cuál se refiere a una entidad completamente distinta.

En este mapa del ámbito geográfico de la cultura nórdica se ilustra lo difícil que era mantener historias consistentes a través del mar; asimismo, resalta áreas generales donde la población «nórdica» habría ampliado su esfera de influencia.

Utilice este libro como guía de las prácticas nórdicas tempranas y su significado para las personas que las iniciaron, y como plan de acción para incorporar esta sabiduría antigua a sus propias prácticas. Se basan en textos que datan del 800 a 1000 e. c. y están destinados a crecer con las personas que los llevan a cabo. Le animo a que se aleje de la idea de que los hechizos y los rituales se deben realizar exactamente como los hacían el antiguo pueblo nórdico. Creer en nuestras acciones les da poder, y el viejo misticismo nórdico nos puede enseñar mucho sobre nuestra interconexión inherente con otros reinos y con los dioses. Use esta antigua sabiduría para desarrollar una práctica personal que funcione en su estilo de vida moderno.

NOTA SOBRE LA APROPIACIÓN DE SIMBOLISMO NÓRDICO POR PARTE DE GRUPOS DE ODIO

Aunque mi objetivo con este libro sea ayudar a los recién llegados a enamorarse de la belleza y la magia de la espiritualidad nórdica, también es importante ser consciente de que existen grupos de odio y pandillas carcelarias que intentan usar los símbolos y las historias de esta tradición para promover ideologías violentas. Los neonazis y otras organizaciones supremacistas blancas a veces usan iconografía que incluye variantes de las runas, imágenes como el Yggdrasil (el árbol del mundo) y diseños nazis del Tercer Reich. Esos grupos quieren reivindicar la simbología nórdica, lo que provoca una asociación negativa que puede llevar a algunas personas interesadas en esta tradición a sentir cierto temor.

Sin embargo, según mi experiencia, hay el mismo número, si no más, de comunidades de brujas, *heathens* y otros practicantes del paganismo nórdico que promueven una visión inclusiva y antirracista de la espiritualidad nórdica. Hay más recursos que nunca para ayudar a los recién llegados a aprender a identificar y combatir apropiaciones de odio de nuestra tradición, y muchos grupos *heathen* que animan y abrazan a personas de color, LGBTQIA+, y otros grupos étnicos, religiosos, lingüísticos y sexuales. En lugar de dejar que los supremacistas blancos reivindiquen y distorsionen nuestra espiritualidad, luchamos para desterrar sus creencias al pasado honrando el contexto original en el que los símbolos fueron definidos por los nórdicos e implementando prácticas inclusivas.

Con este fin, es útil saber un poco sobre cómo estas despreciables ideologías llegaron a adoptar el simbolismo nórdico. La mitología nórdica se popularizó en Europa a finales del siglo XIX, en una época en la que la gente miraba hacia el pasado remoto como fuente de inspiración para el arte y la espiritualidad. Los dioses nórdicos eran protagonistas en la pintura y en espectáculos teatrales. Además, había sociedades ocultas que publicaban muchos libros sobre magia rúnica.

A principios del siglo XX, el nacionalismo y el antisemitismo crecían en Europa. En Alemania, estas ideologías explotaron elementos de los mitos nórdicos para promover su causa, esencialmente vendiendo la idea de la superioridad de la «raza aria». Aunque la espiritualidad nórdica no causara esos problemas ni esas ideologías, ya se estaban apropiando de su simbolismo cuando el partido nazi se hizo con el poder en Alemania. Por ejemplo, se mencionaba a héroes mitológicos como Siegfried en discursos del partido y se incorporaron símbolos rúnicos en los uniformes de las Waffen-SS (la rama militar del partido nazi). Por ello, los practicantes modernos observan con ojo crítico este período, conscientes de las imprecisiones y sesgos que se suelen encontrar.

A medida que conozca los mitos y la magia presentados en este libro, verá que aún hay mucho por aprender de las tradiciones nórdicas, y espero que se sienta capaz de hallar recursos que le ayuden a continuar el viaje por un camino seguro, con un ojo sensible y una comprensión compasiva de la verdadera naturaleza del simbolismo nórdico.

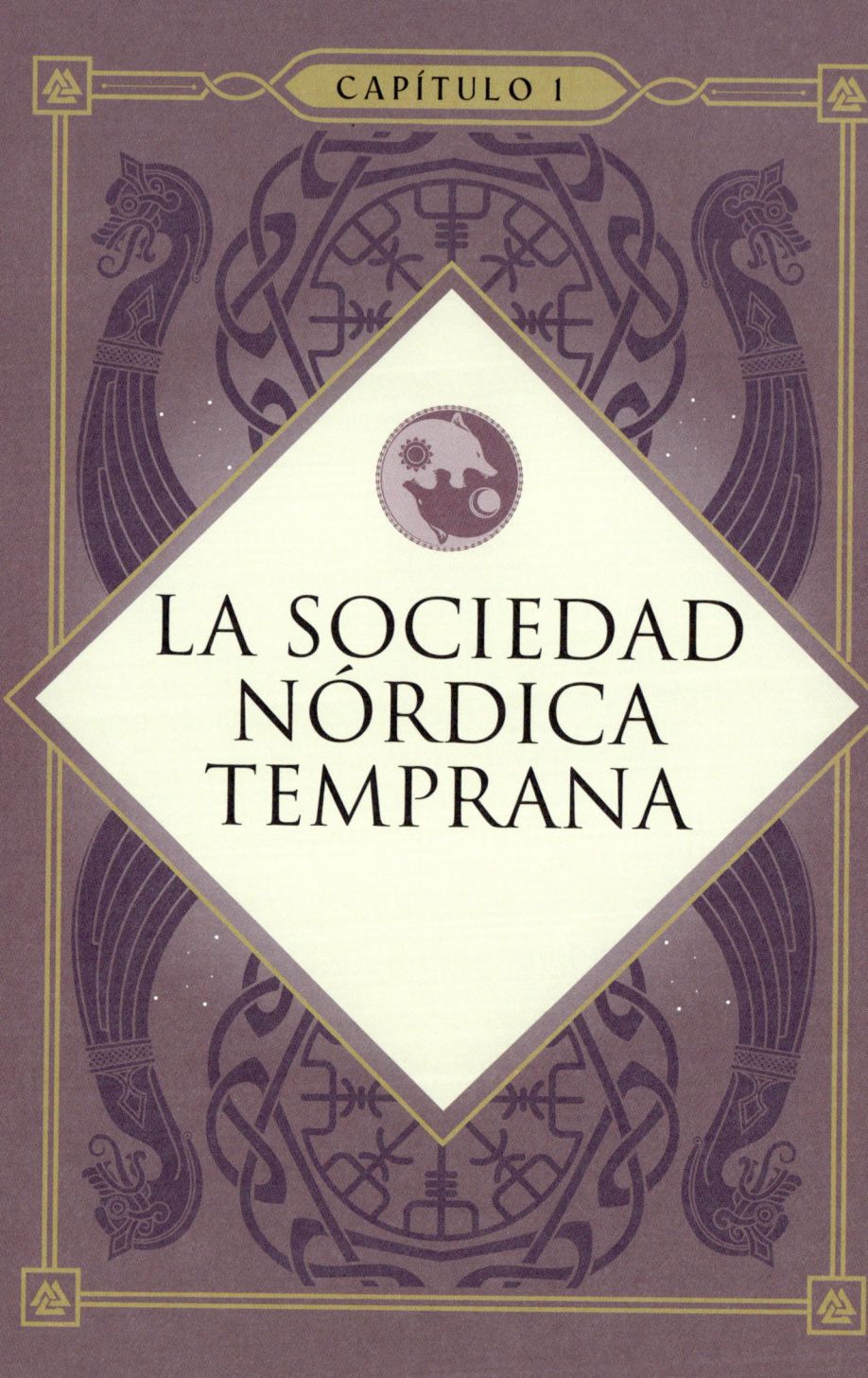

CAPÍTULO 1

LA SOCIEDAD NÓRDICA TEMPRANA

¿Qué se considera nórdico? Al oír hablar de la historia o la cultura nórdica, puede que lo primero en lo que piense sea el término «vikingo». Mucha gente utiliza dicho término para describir a todas las personas que vivieron en Escandinavia desde la época antigua hasta la medieval, pero esto es inexacto. Los «vikingos» no eran la población en general, sino quienes se dedicaban a navegar y eran invasores o colonos. Además, este término no se utilizó hasta el siglo VIII. La cultura nórdica no era un monolito limitado a los países nórdicos modernos, sino que tenía sus orígenes en la lengua y cultura germánicas cuya influencia se extendía hasta Inglaterra por el oeste, a Rusia por el este y a Alemania y otros países del continente europeo por el sur. Comprender los orígenes y las influencias culturales de la sociedad nórdica temprana ayuda a proporcionar un contexto esclarecedor sobre las prácticas místicas que han sobrevivido hasta hoy.

TERMINOLOGÍA

Hay varios términos que se solapan y se refieren a diferentes grupos de personas y a las regiones geográficas en las que vivían. Por ejemplo, el término «Escandinavia» se usa en referencia a la región del norte de Europa formada por las actuales Suecia, Dinamarca y Noruega. De hecho, el término «nórdico» se emplea para referirse a los países escandinavos, así como también a Islandia, Finlandia, Groenlandia, Aland y las Islas Feroe. La mayoría de la gente de esas regiones hablaba nórdico antiguo desde el siglo IX al XIII, aproximadamente, y su cultura se denominaba «nórdica». Sin embargo, la influencia germánica es tan fuerte que no se puede ignorar. El término «germánico» se refiere tanto a la familia de lenguas germánicas (que impactó en lenguas modernas como el inglés, el sueco y el yiddish), como a los diversos grupos culturales que hablaban estas lenguas y que ocuparon zonas de la Europa occidental, central y septentrional desde la Edad de Bronce hasta la Edad Media.

MIGRACIÓN Y ASENTAMIENTOS HUMANOS

Los humanos llegaron por primera vez al extremo meridional de Escandinavia alrededor del año 9000 a. e. c., durante lo que se considera la Edad de Piedra. Durante este período, la gente era nómada y se alimentaba de los animales que cazaba y de otros sustentos que ofrecía el bosque. Sus desplazamientos por las montañas y las tierras bajas siempre dependían de la presencia o no de sus objetivos de caza, una actividad en la que participaban tanto hombres como mujeres. La agricultura se adoptó mucho más tarde debido a las dificultades climatológicas. La religión, tal como la conocemos hoy día, aún no existía, pero sabemos que el animismo, el trabajo espiritual y la veneración de los antepasados eran factores importantes para estas tribus. Es posible que los dioses *vanir* y los gigantes *jotnar* (*véanse* págs. 62 y 63) descritos en la mitología nórdica empezaran a ser honrados como espíritus de la naturaleza en esa época.

Alrededor del año 3000 a. e. c., los indoeuropeos emigraron al oeste desde Asia central hasta Europa, trayendo consigo la agricultura, la ganadería, la rueda y el carro, la cerámica y el idioma, que formaría la base de las familias de lenguas germánicas y romances (francés, italiano, español, portugués y rumano). A través del comercio, las guerras y la asimilación cultural, los pueblos de Escandinavia adoptaron muchos aspectos de la cultura indoeuropea, incluida la cría de ganado para el comercio y la alimentación, la organización de grupos sociales en torno a tribus, clanes y deidades, que más tarde se convirtieron en los dioses del panteón de los *aesir* (*véase* pág. 61).

LA EDAD DE BRONCE NÓRDICA

A medida que se desarrollaron y comercializaron herramientas de metal en toda Europa, se pasó de la caza y la recolección a la agricultura y el pastoreo como sistemas de sustento. Con el tiempo, la consolidación de tierras en posesión entre clanes poderosos condujo al establecimiento de un gobierno de reyes, así como al desarrollo de una clase sacerdotal naciente llamada *gothi* (o *guþi* en nórdico antiguo), creada para apuntalar el poder de los monarcas.

Aquí es donde se encuentra el origen más remoto de la mitología nórdica. Las pinturas rupestres en cuevas y los petroglifos tallados muestran a una diosa del sol que pudo haber sido precursora de la diosa nórdica Freyja. Se han descubierto versiones tempranas de otros dioses *vanir*, y posiblemente incluso de Thor, en utensilios religiosos de este período.

A medida que la Edad de Bronce dio paso a la Edad de Hierro y más allá, el paisaje cultural y social de Europa siguió evolucionando.

Las tribus germánicas del sur de Escandinavia crecieron y participaron en el intercambio cultural con los pueblos escandinavos. Sin embargo, el poder y la influencia de las tribus germánicas eran limitados en el primer siglo de nuestra era. Estaban rodeadas por tribus celtas al oeste (un grupo comúnmente asociado con Irlanda y Escocia, donde se asentaron más tarde) y por los romanos al sur, en la península italiana.

LA DIVERSIDAD DEL NORTE DE EUROPA

La caída del Imperio Romano de Occidente en el siglo IV provocó enormes cambios en Europa que beneficiaron especialmente a las tribus germánicas. A partir del siglo V, el período de las grandes migraciones provocó que las tribus nórdicas y germánicas ampliaran su alcance e influencia. Mientras grupos como los anglos y sajones se asentaban en Inglaterra, los francos se apoderaban de la Galia y los rus fundaban ciudades en lo que hoy es Rusia, a lo largo de su ruta comercial con Constantinopla.

Al estudiar la expansión, la migración y el contacto cultural de las tribus nórdicas y germánicas, podemos ver que no estaban aisladas, pue tuvieron mucho contacto con otras culturas a lo largo de su historia. Ya en la Edad de Bronce, las tribus nórdicas compartían zonas de Escandinavia con el pueblo indígena sami, cuyos métodos de trabajo espiritual aportaron elementos importantes a la religión de los nórdicos. Los sami comerciaban con los nórdicos y se casaban con ellos, con lo que establecieron diversas comunidades que florecieron gracias al intercambio económico y cultural.

Las tribus nórdicas comerciaban no solo con sus primos germánicos, sino también con grupos eslavos, celtas y mediterráneos. Asimismo, libraron batallas por el territorio contra tribus invasoras de Asia central en el siglo V e. c. La tribu germánica conocida como «vándalos» viajó hasta el norte de África, donde se estableció. La seguirían los marineros nórdicos durante las incursiones vikingas del siglo IX. Un siglo más tarde, Ahmad ibn Fadlan, un embajador musulmán de Bagdad, visitó a la tribu rus para reunirse con su rey. Tras este contacto, escribió un libro de observaciones sobre la sociedad nórdica que se convirtió en un texto histórico clave; más tarde, inspiró la novela de Michael Crichton *Devoradores de cadáveres*, que mezcla el viaje de Fadlan con una nueva versión de Beowulf. También en el siglo X, unos marineros nórdicos de Groenlandia llegaron a Canadá y «descubrieron» América, algunos siglos antes de que zarpara Cristóbal Colón.

Por lo tanto, multitud de pruebas históricas sugieren que la sociedad nórdica no era homogénea ni estaba aislada, sino que comerciaba con otros pueblos y libraba batallas contra enemigos procedentes, como mínimo, de tres continentes diferentes. En tiempos de paz, los matrimonios mixtos entre culturas en conflicto eran comunes. La evidencia arqueológica y genealógica sugiere que hubo pueblos de otras regiones que se asentaron en zonas de Escandinavia.

LOS VERDADEROS VIKINGOS

En la cultura popular, se retrata a los vikingos como a bandas de asaltantes bien armados que saqueaban pueblos sin piedad. Esto ha llevado a pensar que ese era el único *modus vivendi* de los nórdicos. Si bien hay algo de verdad en esto, no siempre fue así.

Durante los años oscuros que sucedieron la caída de Roma (entre el 400 y 500 e. c.), las tribus nórdicas prosperaban en Escandinavia. Sin embargo, a medida que las comunidades crecían y los reyes consolidaban su poder, se volvió cada vez más difícil poseer tierras y recursos suficientes para las familias o clanes. Esto fue un factor importante en período de las grandes migraciones en Europa (desde el año 300 hasta el 800 e. c.) y provocó el inicio de las incursiones vikingas. Ser «vikingo» (alguien que navega largas distancias y realiza incursiones) se convirtió en la actividad de casi el 10 por ciento de la población nórdica; solían ser los hijos más jóvenes de una familia rica que podía financiar la expedición. Empleaban embarcaciones alargadas de fondo poco profundo y podían recorrer ríos o grandes masas de agua; así fue como los vikingos viajaron por Europa y el norte de África. La mayoría de las expediciones fueron incursiones, es decir, el viaje tenía como objetivo saquear a tribus extranjeras o vecinas y reclamar tierras para establecerse y cultivar. Otras, en cambio, se centraron en el comercio pacífico.

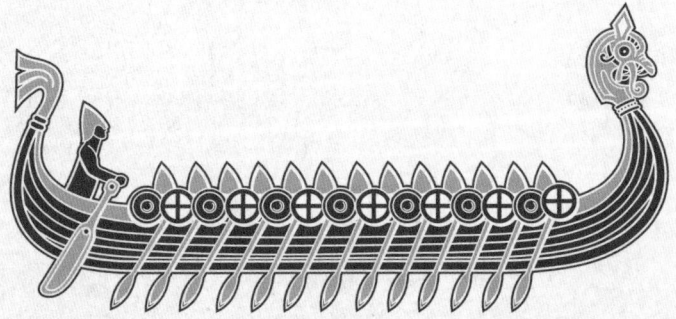

Lejos de ser una cultura intrínsecamente violenta, la sociedad nórdica otorgaba un gran valor al honor, la comunidad y la ley. La prominencia de clanes y tribus significó que las personas vivían de forma interdependiente en comunidades que cooperaban entre sí para la prosperidad común. Centrarse en el honor familiar a veces generaba conflictos, y si un miembro de una familia era asesinado por otro miembro del clan, podía iniciarse una disputa de sangre entre clanes en la que padres y hermanos buscarían venganza por su pariente caído. Existían sistemas legales para juzgar si tales asesinatos eran legítimos u honorables, y si la cuestión de la pérdida de un pariente podía resolverse pagando reparaciones monetarias a la familia de la víctima, en lugar de incitar a una larga y violenta disputa de sangre. Si bien no siempre había un rey o un experto en leyes disponible para arbitrar, la existencia de leyes tan detalladas sobre esta cuestión habla de la amenaza que una gran disputa de sangre podría representar para una comunidad.

El período de las grandes migraciones, o *Völkerwanderung*, aproximadamente entre los años 300 y 800 e. c., fue muy agitado en Europa, ya que tuvieron lugar muchas luchas por el territorio entre imperios y tribus. Comenzó cuando Atila condujo a los hunos desde Asia Central a Europa e inició ataques contra las tribus germánicas y el Imperio Romano. La pérdida de territorio ante los hunos hizo que los germánicos se expandieran hacia el oeste y comenzaran a apoderarse de tierras romanas. Ahí empezó una especie de círculo vicioso: el pueblo germánico ganaba más tierras a medida que el Imperio Romano perdía poder, lo que llevó a la caída de este último. Más tarde, las tribus nórdicas y eslavas también ampliaron su territorio y sus rutas comerciales.

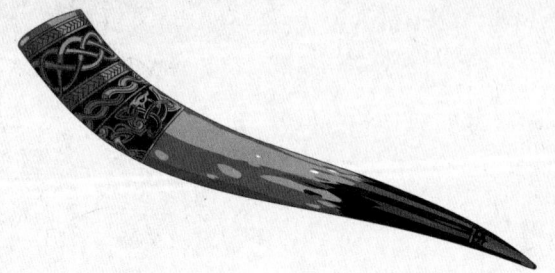

UN RETRATO DE LA SOCIEDAD NÓRDICA

Muchos aspectos de la mitología y la espiritualidad nórdicas parecen misteriosos desde nuestra perspectiva moderna, ya que emergieron de una cultura muy distinta a la nuestra que se ha visto influida por la religión posmoderna. Por ejemplo, ¿por qué los mitos nórdicos dicen que el universo fue creado por una vaca gigante? Y, ¿por qué asociaban las vacas con la runa de la prosperidad, Fehu? Si echamos la vista atrás al modo de vida nórdico, podemos ver que el ganado era increíblemente valorado como proveedor de alimento y se comercializaba de forma muy parecida a cómo negociamos e invertimos hoy en día. Por lo tanto, es lógico que las vacas tuvieran un simbolismo sagrado.

RELIGIÓN

Aunque en la mitología nórdica aparezca una amplia gama de deidades, no todas fueron adoradas activamente. La gente rezaba y hacía ofrendas a los dioses y diosas Freyr, Thor, Freyja, Frigga y Odín. El dios preferido variaba de una región a otra; por ejemplo, el culto a Freyr fue especialmente prominente en lo que hoy es Suecia. Aunque no existiera una autoridad central en la religión nórdica, las actividades religiosas organizadas solían estar dirigidas por reyes o sacerdotes, que actuaban como intermediarios entre la comunidad y los dioses.

Además de construir templos como lugares de culto, las comunidades nórdicas también sacralizaron arboledas en honor de algún dios; estas zonas estaban protegidas y en ellas no se permitía la caza ni la tala. Dado que la mitología nórdica dice que los humanos fueron creados a partir de árboles, quizás esta práctica venía a venerar a los antepasados. Los lugares de entierro también se consideraban sagrados, y los hechiceros los veían como sitios idóneos para obtener la sabiduría de los muertos a los que se honraba.

ECONOMÍA

Los barcos vikingos que posibilitaban la navegación, el comercio, la exploración y la expansión de las tribus nórdicas eran en sí mismos un producto costoso incluso en una economía robusta. Más allá de la tala para recolectar la madera con la que los artesanos construían los barcos, la navegación dependía básicamente del trabajo de pastores y tejedores que proporcionaban la tela para las velas. Una sola vela podría requerir la lana de setecientas ovejas y cientos de horas de trabajo para procesarla y convertirla en hilo. De hecho, era más difícil fabricar las velas que hacer los propios barcos.

La gestión del ganado, especialmente de ovejas y vacas, era la columna vertebral de la economía nórdica. La ganadería lechera producía leche, queso, mantequilla y yogur, mientras que la lana de oveja y cultivos como el lino proporcionaban fibra para tejer. Las mujeres solían dirigir las granjas familiares y supervisar la producción y el comercio de bienes, especialmente si los hombres tenían ocupaciones que los mantenían alejados de casa a menudo.

Por último, los artesanos y los herreros producían algunas de las mejores joyas y armas de Europa. Se popularizaron las piezas de oro con diseños entrelazados, y los herreros incorporaron técnicas procedentes de lugares tan lejanos como Egipto y China para crear armas y armaduras más fuertes y elaboradas.

ROLES DE GÉNERO

En aquella época, las mujeres nórdicas y germánicas tenían más derechos y autonomía que muchas de sus homólogas en otras regiones de Europa. Tácito, el historiador romano, informó en el año 98 e. c. que las mujeres de las tribus germánicas no se casaban hasta los dieciocho o veinte años, mientras que en el Imperio Romano las niñas podían ser tomadas como esposas a los doce años o incluso más jóvenes. Resulta sorprendente que a las mujeres se les permitiera ofrecer sus opiniones en foros públicos y procedimientos judiciales, que disfrutaran de un trato respetuoso y que mantuvieran un gran poder en sus comunidades. Mientras que los hombres navegaban, comerciaban o peleaban, las mujeres nórdicas estaban a cargo del hogar, las finanzas y los negocios familiares. De hecho, los piratas vikingos llevaban su botín a casa de sus esposas y madres, quienes decidían qué parte de las ganancias merecía el hombre para sus propios gastos: una especie de asignación. Si bien las mujeres también podían divorciarse y volverse a casar, el matrimonio, a menudo, se convertía en una obligación.

Como demuestran los cementerios nórdicos, las mujeres podían tener otras ocupaciones. Algunas eran cazadoras, guerreras y marineras, y se enterraban con sus armas u otros símbolos de su valor. Las tumbas más lujosas solían ser las de las hechiceras (*véase* pág. 28), mujeres que eran enormemente veneradas en sus comunidades y que podían exigir altos precios por sus servicios.

No obstante, a pesar de su tratamiento relativamente igualitario, la literatura de la época sugiere que los hombres seguían viendo los roles y las actividades domésticas de las mujeres como algo inferior y poco masculinas, así que las evitaban. La presión sobre el hombre para proyectar fuerza e intereses masculinos queda clara en la limitada literatura de ese período que ha sobrevivido.

EL NIGON WYRTA GALDOR

El Nigon Wyrta Galdor, también conocido como «conjuro anglosajón de las nueve hierbas», es un *galdr* en inglés antiguo, es decir, un encantamiento o cántico, utilizado para curar enfermedades y heridas. Los antiguos nórdicos invocaban nueve hierbas sagradas para superar obstáculos. Para lanzar este hechizo, el primer paso que tiene que hacer es reunir nueve hierbas. Puede usar plantas que sean importantes para ti, pero aquí tienes unas sugerencias acerca de lo que habrían elegido los nórdicos:

- **Puerro**: extremadamente mágico en la herboristería nórdica.
- **Artemisa**: hierba común, excelente para la consagración.
- **Camomila**: usada para dormir, adivinación de sueños y hechizos de amor.
- **Hinojo**: usado para protección y bendiciones.
- **Llantén**: usado en hechizos para curar.
- **Hoja de roble**: asociada con Thor y llamadas de protección.
- **Perifollo**: usado para la purificación.
- **Semillas de lino**: atrae prosperidad y protege del mal.
- **Semillas de manzana**: usadas para invocar el poder de Yggdrasil y los dioses.

También necesitará un cuadrado de tela para hacer una bolsa pequeña. El lino funciona muy bien, ya que está hecho con una planta a la que los nórdicos le atribuían propiedades sagradas. Coloque una pizca de cada hierba en el centro de la bolsita que acaba de hacer. Mientras mete cada hierba, entone estas palabras:

Te pido [nombre de la hierba], que me protejas
y nutras la buena salud este año.

Una vez colocadas las nueve hierbas, exhale sobre ellas tres veces para darles vida. Asegure la bolsita y llévela con usted para cosechar sus bendiciones.

EL RENACIMIENTO ROMÁNTICO

Con el paso del tiempo, el cristianismo llegó al norte de Europa, y el proceso de conversión religiosa comenzó a eclipsar y borrar muchas facetas de la espiritualidad nórdica. Las historias mitológicas importantes se estaban perdiendo porque fueron registradas con alteraciones e imprecisiones por parte de monjes cristianos. Por ello, el bardo Snorri Sturluson creó *La Edda prosaica* en el siglo XIII, para preservar las historias y la cultura de su pueblo. *La Edda poética*, formada por un contenido de mitología más antiguo, no fue redescubierta hasta que un agricultor del oeste de Alemania la encontró por casualidad en un granero en 1643. Esos tomos son esenciales para comprender la vida de los nórdicos, así que profundizaremos en las *eddas* en el capítulo cuatro (*véase* pág. 57).

Cuando el movimiento romántico se extendió por Europa en los siglos XVIII y XIX, los intelectuales y los artistas popularizaron una fijación por la naturaleza y el pasado lejano, lo que condujo a un resurgimiento del interés por la mitología. Los mitos nórdicos se convirtie-

Quizás conozca de oído ciertas piezas del *Ciclo del Anillo* de Wagner, como *El ocaso de los dioses* o *La cabalgata de las valquirias*. Siguen siendo piezas populares, dramáticas y de orquesta completa. Divididas en cuatro partes, cuentan la historia del héroe popular germánico, Sigfrido. Elementos populares de la mitología nórdica, como Wotan (el nombre germánico de Odín), las valquirias, el Valhalla, los dragones o los enanos, aparecen constantemente en esta dramática saga musical.

ron en una inspiración para obras de teatro exitosas como el *Ciclo del Anillo* de Wagner, que devolvió los viejos dioses y héroes al imaginario público. Durante esta época, el esoterismo y la espiritualidad también fueron tomando nuevas formas en Europa. Nuevas «sociedades secretas», como The Golden Dawn y The Theosophical Society, recuperaron prácticas mágicas antiguas o crearon otras nuevas basadas en la síntesis de las filosofías occidentales y orientales.

Los dioses y cuentos nórdicos siguieron ganando popularidad con el tiempo. El resurgimiento del interés por la brujería y el paganismo, iniciado a finales de la década de 1950, contribuyó a la reconstrucción del paganismo nórdico, que a menudo recibía el nombre de *heathenry*. Las runas del *futhark* antiguo también se volvieron reconocibles por derecho propio como una herramienta mágica y adivinatoria (*véase* pág. 39 para obtener más información al respecto). La investigación histórica y las innovaciones modernas continúan facilitando la evolución de la religión, la magia y la espiritualidad nórdicas en la actualidad.

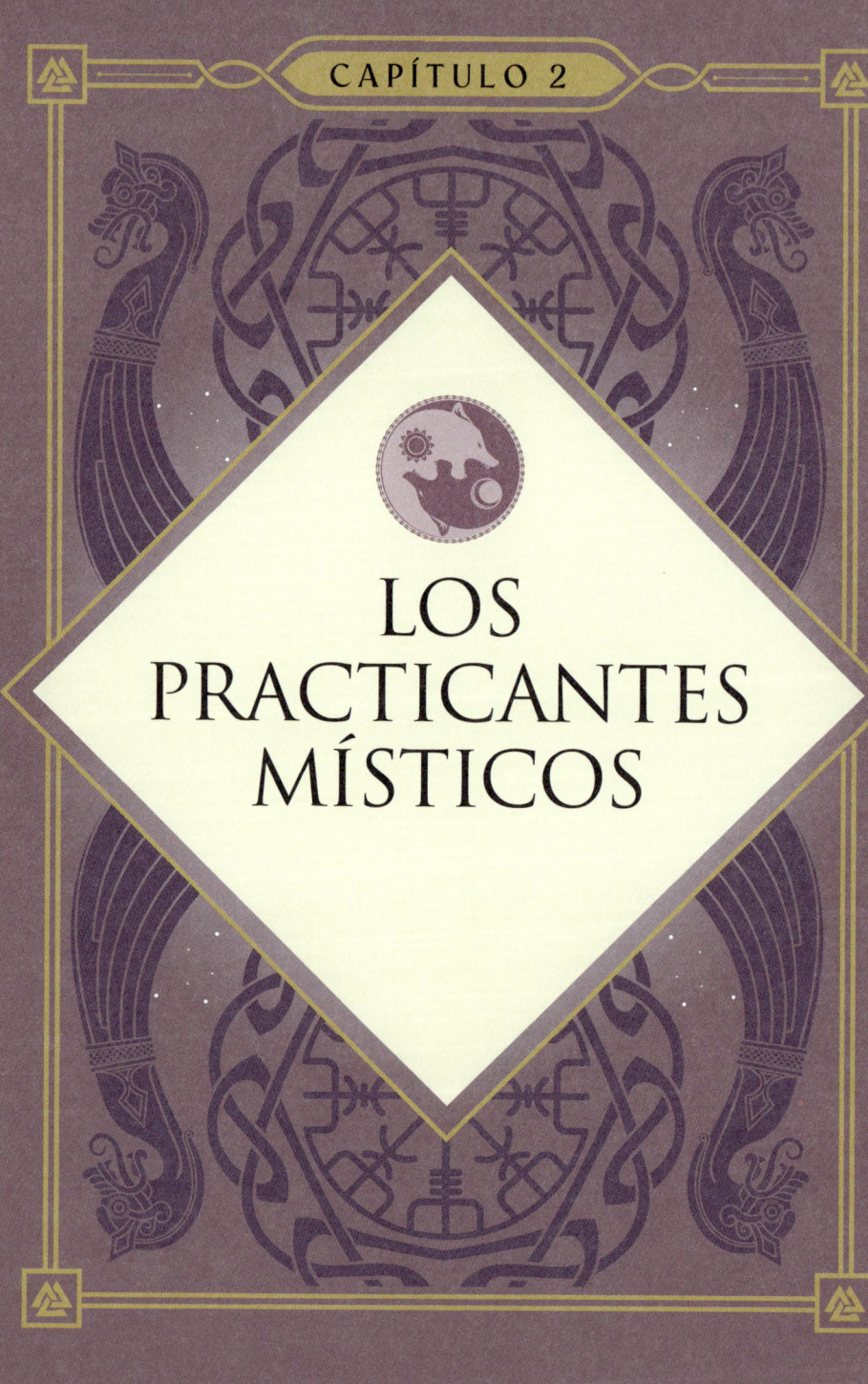

CAPÍTULO 2

LOS PRACTICANTES MÍSTICOS

Debido a que la influencia del cristianismo llegó tarde al norte de Europa, la magia y el misticismo nórdicos se mantuvieron fuertes durante todo el período vikingo en la Edad Media. Los registros históricos, como las *eddas* y sagas (los libros de poesía antigua mencionados anteriormente), revelan lo habituales que eran estas prácticas en la vida diaria; no solo los practicantes de magia eran comunes y respetados, sino que los laicos también conocían algunos hechizos y rituales que empleaban cuando la situación lo requería.

Existen distintas clases de magia nórdica, cada una asociada a diferentes técnicas y objetivos. En función de su especialidad, los practicantes de magia recibían distintos nombres; los más comunes eran *völva*, una hechicera que llevaba un bastón, y *vitki*, un sabio o hechicero.

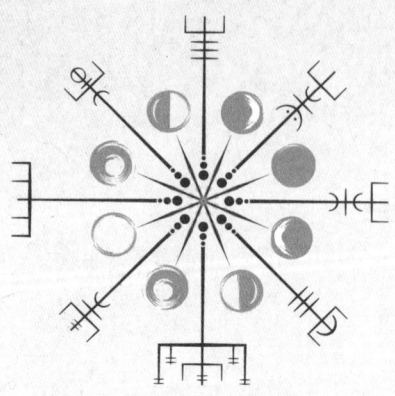

SEIÐR Y SPÁ: LA MAGIA DE FREYJA

Las prácticas mágicas de *seiðr* y *spá* se realizaban habitualmente, aunque no de forma exclusiva, por mujeres. En los mitos nórdicos, se asociaban con las nornas y los dioses *vanir*, especialmente Freyja. *Seiðr* es un arte espiritual que permite a quien lo practica entrar en trance para comunicarse con los espíritus y lanzar hechizos; se creía que las *seiðrkona* (mujeres *seiðr* o mujeres que practicaban *seiðr*) eran capaces de canalizar el poder de los espíritus, enviar sus almas en forma de animales y afectar a la mente y el alma de los demás. *Spá* se refería a los métodos de adivinación que permitía a las hechiceras ver directamente el *wyrd* (se podría traducir por «destino») de una persona mientras las nornas lo tejían (*véase* pág. 77).

EL TRANCE PROFÉTICO

Tanto en la *seiðr* como en la *spá* se utilizaban mucho el trance y la meditación. Esto podía adoptar la forma de *utiseta* (que significa «estarse quieto»); la hechicera se sentaba o se tumbaba de noche en un lugar de poder, como una arboleda sagrada, y permanecía en silencio para oír a los espíritus y recibir sabiduría. En las ceremonias públicas, las hechiceras podían entrar en trance mientras los asistentes cantaban o tocaban tambores para invocar a los espíritus y facilitar que la mujer entrara en un estado alterado de conciencia. De esta manera, la gente podía plantear preguntas a la hechicera para que los espíritus las respondieran. En algunos casos, la hechicera podía haber canalizado respuestas directamente encarnando al espíritu.

LA MAGIA ESPIRITUAL

Además de proporcionar adivinación y profecía, la *seiðr* facilitaba conjuros potentes. Las hechiceras eran conocidas por lanzar encantaminetos a las banderas de batalla para lograr la victoria o urdir una maldición en una camisa para matar a un enemigo. Podían causar o curar dolencias sobrenaturales que dañaban el cuerpo y el alma. También se afirmaba que engañaban a la vista con ilusiones, inducían estados de delirio y que incluso provocaban amnesia. La magia para el amor o el clima y la magia mediante hierbas también formaban parte de la *seiðr*. En gran medida, se lograba con el uso de un bastón sagrado de madera o hierro, a menudo con un diseño similar al huso de una tejedora (que, de algún modo, se parece a las escobas modernas). Tejer, en sentido literal y metafórico, se asociaba en gran medida con estas artes, ya que se pensaba que las nornas tejían el destino de los hombres. De hecho, cuando la iglesia católica intentaba convertir a Escandinavia, prohibieron a las mujeres tararear o contar mientras tejían por miedo a que estuvieran lanzando esos hechizos.

WYRD: EL TAPIZ DEL DESTINO

Las hechiceras nórdicas eran famosas por su capacidad de influir en el destino o *wyrd*. Aunque las perspectivas modernas equiparen el destino con la predestinación, en la que todos los resultados ya están decididos, la cultura nórdica no lo veía así. El wyrd es una especie de tapiz que las nornas tejen continuamente, y nosotros tenemos (y siempre ha sido así) el poder de participar en el proceso. Los acontecimientos del pasado pueden crearnos límites, haciendo que algunos resultados sean más o menos probables, pero nosotros navegamos por ellos para determinar nuestro propio destino.

GALDR: LA MAGIA DE ODÍN

Un *galdr*, que significa encantamiento o canción, era un método para lanzar hechizos mediante melodías. Mientras en el *seiðr* se utilizaba la música para inducir un trance o invocar a los espíritus, en una canción *galdr* se lanzaba un conjuro usando letras e himnos específicos. Los *galdr* se solían usar junto a las runas, cantando los nombres de estas en voz alta mientras se tallaban o se pintaban para cargarlas de poder. Según el mito, Odín creó las técnicas del *galdr* después de su iniciación en las runas por parte del árbol del mundo. Se dice que él enseñó las runas y el *galdr* a Freyja a cambio de que ella le enseñara la *seiðr*. Este intercambio ayudó a fortalecer tanto a los *aesir* como a los *vanir*.

LA MAGIA RÚNICA

Las runas eran un componente importante de muchos hechizos nórdicos, y se mencionan con frecuencia en los textos de este período que han sobrevivido. Se tallaban en cuernos de animales, armas y armaduras para dar fuerza a los guerreros en la batalla y se podían emplear también para la protección general. En «Sigrdrífumál», el apartado de *La Edda poética* que cuenta las aventuras del héroe Sigurd (también llamado Siegfried), la valquiria Brynhildr habla de tallar o pintar las runas en el cuerpo o en objetos cotidianos para usos tan amplios como curar heridas, fomentar la fidelidad matrimonial y proteger los barcos en el mar. En una de las sagas se cuenta cómo una hechicera tallaba runas en un tronco que poco después se dejaría flotar río abajo para lanzar una maldición al clan vecino. Véase más información de las runas en el capítulo 3 (pág. 38).

CÁNTICOS Y CANCIONES

Los nórdicos creían que la respiración era una expresión sagrada del espíritu de la persona. Por lo tanto, su magia ponía un fuerte énfasis en el uso de la voz mientras se lanzaban los hechizos (hoy en día aún prevalece en la práctica de la *trolldom, véase* pág. 125). Aunque las melodías utilizadas en las antiguas canciones *galdr* se hayan perdido, los textos que han sobrevivido describen que los cantantes modulaban la voz de distintas formas, haciendo un sonido agudo o tal vez cambiando a un tono monótono, para adaptarse al hechizo que se cantaba. Los hechizos de *galdr* se hacían para ayudar en el parto, dar fuerza a los guerreros que iban a la batalla o proteger un espacio de los intrusos. A veces se llevaba a los hechiceros al campo de batalla para cantar *galdr* que causara desgracias a las tropas enemigas.

LAS PRACTICANTES VOLVA

Las volvas (*völvas* en nórdico antiguo) eran unas de las practicantes de magia más prominentes en la sociedad nórdica y germánica, al menos en el período romano (27 a. e. c. a 476 e. c.). Estas hechiceras portadoras de bastones servían como videntes y ofrecían profecías tanto a reyes

como a agricultores. El historiador romano Tácito relata en *Germania* que las tribus germánicas creían que la mujer tenía dones mágicos innatos y trataban a las videntes como personas santas. Esto siguió siendo cierto durante el período vikingo en la Edad Media. Las volvas eran muy reconocidas y podían viajar libremente sabiendo que serían recibidas como invitadas de honor dondequiera que fueran y que se les pagaría bien por sus servicios, si se los requerían. De manera similar, los mitos nórdicos relatan cómo incluso el sabio Odín recurría a la ayuda de las volvas, incluida su esposa, Frigga, cuando necesitaba ayuda.

Gracias a los descubrimientos arqueológicos y a la información detallada de las sagas, sabemos bastante sobre cómo realizaban su trabajo las volvas. Si bien muchas mujeres en la sociedad nórdica podían tener conocimientos básicos de magia, las volvas aprendían su oficio al lado de una hechicera mayor y más experimentada. Es probable que las aprendices viajaran con su maestra y la ayudaran en su trabajo mientras ellas perfeccionaban sus habilidades. *La saga de Erik el Rojo* (una historia del siglo XIII sobre la exploración nórdica de América) incluye un relato detallado de la invocación de una volva. El procedimiento se asemeja a una sesión de espiritismo moderna, con la volva sentada en un asiento alto mientras sostiene su bastón de manera que un extremo toca el suelo y el otro, su cabeza. Al entrar en trance, acompañada por los cantos de las mujeres de la casa, conversa con los espíritus para poder aconsejar a la familia sobre cómo conseguir más alimentos para el invierno.

Los arqueólogos han descubierto lujosas sepulturas de volvas enterradas con sus herramientas. Entre ellas destacan el bastón, collares de cuentas, capas de piel de cordero con forro azul, el color de la magia en aquella época, sombreros forrados con piel de gato, seres sagrados para Freyja, y bolsas de cinturón llenas de diversos talismanes y semillas de plantas psicotrópicas. En varias tumbas se han hallado semillas venenosas de beleño; tal vez se utilizaron en hechizos para invocar la lluvia o se ahumaron para inducir estados alucinógenos que promovieran las prácticas espirituales.

MAGIA, GÉNERO Y SEXUALIDAD

No es demasiado difícil ver que la práctica de la magia en la sociedad nórdica tenía un género específico. Si bien el uso del *galdr* y las runas parece haber sido realizado tanto por practicantes masculinos como femeninos, las *seiðr* y *spá* se consideraban ocupaciones típicamente de la mujer. Aunque las *volvas* gozaran de prestigio, a finales de la era vikinga, los hombres que llevaban a cabo la *seiðr* despertaban recelos y eran etiquetados despectivamente como *ergi*, que significa «poco varonil».

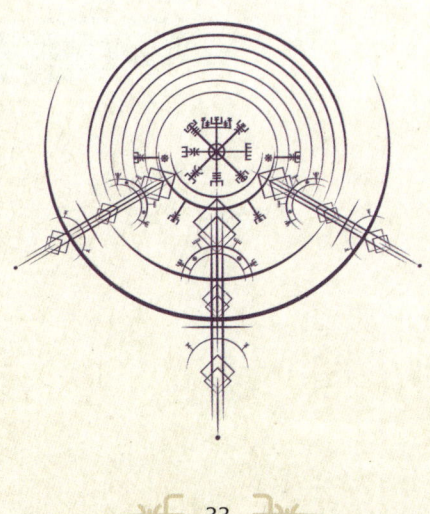

Un hombre acusado de realizar *seiðr*, o simplemente llamado *ergi*, tendría que ganar un duelo para defender su honor o sufrir un posible destierro de su tribu. A partir de esta dramática evidencia, a menudo se asumió que los practicantes nórdicos de magia estaban sujetos a estrictos roles de género. Sin embargo, los estudios de expertos han cuestionado esta suposición. Historias como *La saga de los volsungos* incluyen practicantes masculinos de *seiðr* que eran muy respetados en la corte, y los primeros usos de la palabra *ergi* están menos estigmatizados y llevan la connotación de «rendición» o «receptividad» al canalizar espíritus y poderes mágicos. El análisis de los cambios históricos en la sociedad nórdica desde la Edad de Bronce hasta la Edad Media revela que a medida que cambiaron los estándares de masculinidad, también lo hicieron las prácticas de *seiðr*, permitiendo que los hombres pudiesen realizarlas sin ver manchado su honor. La creciente influencia del cristianismo (y su propensión a que los hombres dirijan las prácticas espirituales) probablemente jugara un papel importante en este cambio.

Además, se ha descubierto que varios lugares de enterramiento pertenecientes a volvas respetadas contenían esqueletos masculinos. Pese a que fuera una sorpresa para los arqueólogos, tiene sentido cuando consideramos las raíces del trabajo espiritual y del *seiðr*. Las personas transgénero y no conformes con su género a menudo encontraron roles como trabajadores espirituales y practicantes de magia en el norte de Europa, y esto probablemente continuó durante algún tiempo en la sociedad nórdica. Las descripciones de los hechiceros masculinos como *seiðberenðr*, literalmente «vientre mágico», posiblemente podría referirse a hombres o mujeres transgénero. Los mitos nórdicos también sugieren que Odín, el hechicero-dios que aprendió *seiðr* de Freyja, cambiaba de género a menudo y que podría haber tenido relaciones entre personas del mismo sexo o prácticas sexuales «alternativas» en su búsqueda del poder mágico. Por lo tanto, en épocas anteriores puede ser que los brujos y hechiceras nórdicos tuvieran cierta libertad para explorar la fluidez del género y la sexualidad.

FIESTAS Y ESTACIONES

Pese a que los textos de Snorri Sturluson y otros den fe de la celebración de varias fiestas nórdicas antiguas, no tenemos una visión global de las festividades religiosas o espirituales que pudieron haber tenido lugar en aquella época. Sin embargo, los practicantes modernos de la religión y la magia nórdicas cuentan con varias celebraciones, entre las que se incluye alguna procedente de los calendarios medievales *primstav* de Escandinavia.

Los calendarios Primstav, populares en la Edad Media, se grababan en un bastón que se actualizaba con el paso del tiempo. En general, se usaba en las granjas para marcar determinadas fechas importantes relacionadas con momentos clave para la ganadería y los cultivos. Muchas de estas fechas se correspondían con fiestas paganas y marcaban el cambio de las estaciones climáticas. Estos registros luego evolucionaron para incorporar marcas rúnicas y se convirtieron en un diario natural de los eventos anuales.

A continuación, se muestra una selección de fiestas estacionales que los recién llegados al misticismo nórdico tal vez quieran tener en cuenta.

VINTERDAGEN (14 de octubre): el primer día de invierno. El clima más frío de los países nórdicos es tal que los calendarios tradicionales veían el año dividido únicamente en verano e invierno.

ALFABLOT (21 de octubre): era una fiesta familiar para honrar a los ancestros masculinos y los espíritus de la tierra y el hogar.

MODRANIHT (20 de diciembre): celebrada en la víspera del solsticio de invierno, Modraniht significa «Noche de la madre». Esta fiesta honra a los ancestros femeninos, sobre todo los que sirven como espíritus protectores del linaje.

YULE (diciembre/enero): la fecha de esta festividad varía, ya que Yule se celebraba tradicionalmente en la primera luna llena después del solsticio de invierno. Muchas tradiciones navideñas modernas (como quemar un tronco, comer jamón y cantar villancicos) tienen su origen en las celebraciones de Yule.

DISABLOT (22 de febrero): era un festival principal celebrado en las comunidades nórdicas para honrar al *disir*, un tipo de ser que incluía a diosas, nornas, valquirias y ancestros femeninos.

SOMMERMOL (14 de abril): el primer día de verano del calendario *primstav*. En él, las familias reafirmaban sus vínculos sociales con regalos y acuerdos, y los granjeros y pastores se preparaban para el trabajo agrícola que tenían por delante.

HEXENNACHT (30 de abril–1 de mayo): se decía que Hexennacht o la «víspera de las brujas» era la noche en la que las brujas volaban al Monte Brocken para bailar. El día siguiente es el primero de mayo, un momento tradicional para buscar augurios en la naturaleza (particularmente de tipo amoroso).

SIGURBLOT (21 de junio): el Día de Sigurd está marcado en el solsticio de verano para rezar por la victoria, el éxito y la prosperidad. Esta fiesta lleva el nombre del héroe que mata al dragón Fafnir con ayuda de la valquiria Brynhildr.

CÓMO HACER UN
PRIMSTAV MODERNO

Hacer su propio *primstav* es una forma fantástica de arraigar las antiguas tradiciones de la espiritualidad nórdica en la vida moderna. Las fechas registradas en los *primstavs* históricos normalmente estaban centradas en tareas agrícolas como plantar, pastorear y cosechar. Reflejaban el clima del norte de Europa tanto espiritual como literalmente durante su época. Dedique tiempo a pensar en su entorno, estilo de vida y práctica espiritual. ¿Qué fechas son importantes para usted? Estas deberían ser la base de su *primstav*.

Quizás desee incluir fechas como las siguientes:

- Eventos que marcan el cambio de estaciones en su área (por ejemplo, el cambio de color de las hojas, el comienzo de una temporada de lluvias, la ascensión de una constelación particular en el cielo nocturno).
- Fechas relacionadas con el sol y la luna, como equinoccios, solsticios y lunas llenas.
- Festivales tradicionales celebrados por su familia y ancestros.
- Cumpleaños de miembros de la familia que han fallecido.
- Días festivos importantes, como el día de año nuevo.

Una vez que haya planificado las fechas, primero haga su propio calendario *primstav* en papel y luego construya uno con un trozo de madera de una tienda de manualidades o de materiales para el hogar (¡o incluso con una vara de medir!). Marque sus fechas creando símbolos que representen estos días importantes, como lo hacían los antiguos nórdicos con las runas, y colóquelos en su bastón de madera usando marcadores o un pirógrafo.

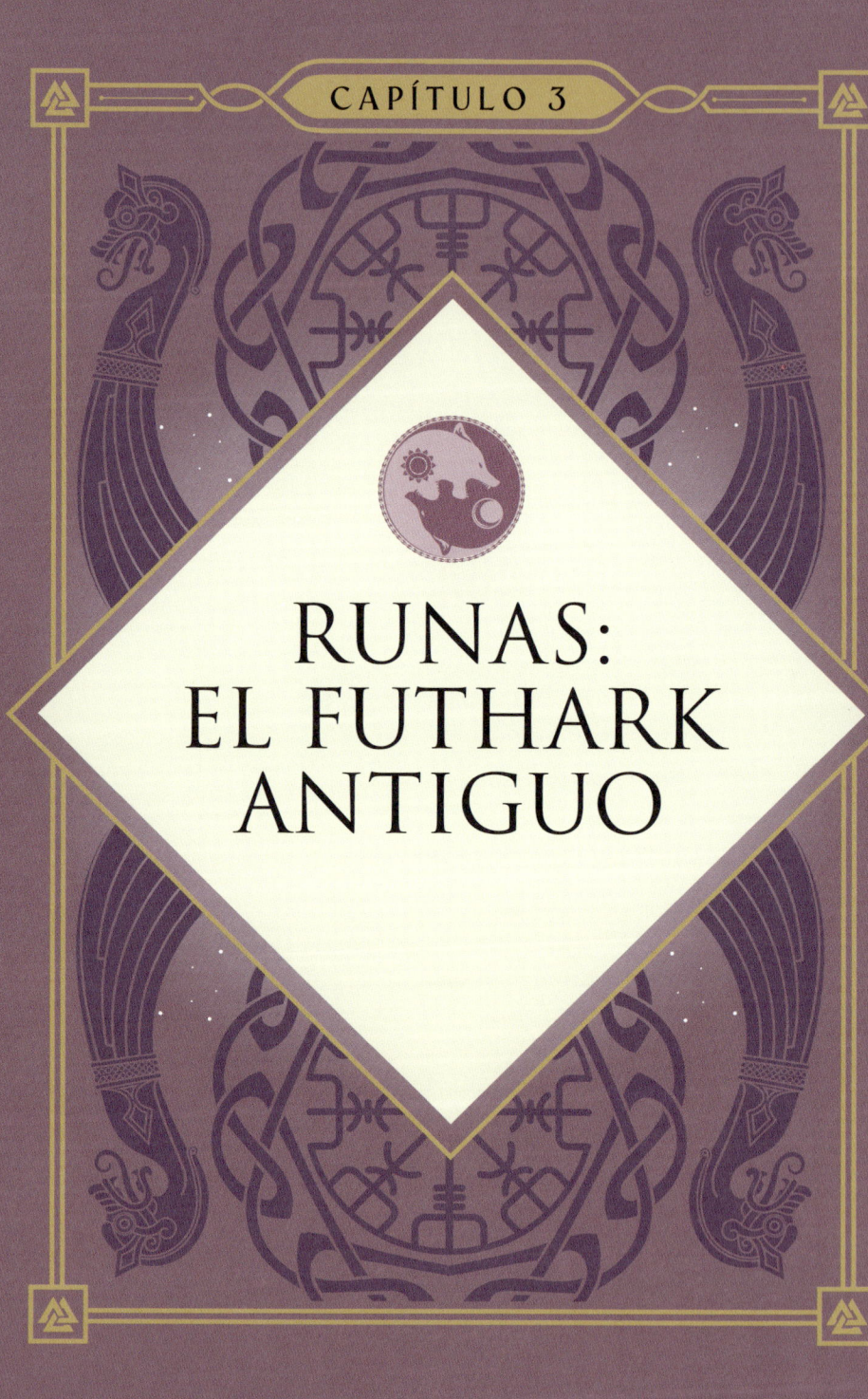

CAPÍTULO 3

RUNAS: EL FUTHARK ANTIGUO

Las runas son un conjunto de símbolos que componen el antiguo alfabeto nórdico. En general, estos símbolos estaban escritos o tallados en pequeñas piedras o trozos de madera. Si bien existen innumerables formas de usar las runas en los tiempos modernos, lo más común es que se lancen como parte de una práctica de adivinación que a menudo atrae a personas que realizan otras artes adivinatorias, como el tarot y la astrología. Las runas también se pueden utilizar junto con la meditación y algunas formas de magia, incorporando los símbolos en la práctica con velas, en los hechizos de protección o en actividades de brujería moderna. En este capítulo, haremos una introducción general a cada uno de los símbolos rúnicos, su significado para los nórdicos y la manera de usarlos en la actualidad.

ORÍGENES DE LAS RUNAS

Las runas son un conjunto de sistemas de escritura que se originaron en las tribus germánicas y celtas, probablemente entre el año 0 y el 200 e. c. El *futhark* antiguo fue su primera versión, que consistía en veinticuatro letras que usaban formas de línea recta, ideales para tallar en superficies de madera y piedra. Con el paso del tiempo, las runas evolucionaron hasta convertirse en el *futhark* joven escandinavo y el *futhorc* anglosajón, mientras el conocimiento del *futhark* antiguo se fue desvaneciendo hasta su resurgimiento en el siglo XIX.

Los mitos nórdicos nos dicen que las runas son tan viejas como el mundo. Urdr (*véase* pág. 110), la más vieja y sabia de las nornas, las talló en las raíces del Yggdrasil, el árbol del mundo. Posteriormente, cuando Odín llegó en busca de conocimiento, se clavó la lanza en el pie y se colgó del árbol durante nueve días y nueve noches, hasta que las runas llegaron «corriendo, gritándole» desde abajo, donde las raíces tocaban las aguas del Pozo de los orígenes.

Sabemos que el *futhark* antiguo se utilizó no solo como alfabeto escrito sino también para lanzar conjuros. *La Edda poética* hace referencia a hechizos de runas para victorias, partos, remedios contra venenos, y otros objetivos. Las runas sobre palos de Bergen (Noruega) descubiertos en 1955 incluían un hechizo de amor y uno de protección. La evidencia de usos adivinatorios proviene principalmente de Tácito, quien visitó las tribus germánicas y escribió un libro sobre su cultura en el año 98 e. c. titulado *Germania*, una obra que hemos mencionado en capítulos anteriores. En ella, describió a los líderes germánicos y sus sistemas de protección, que consistían en cortar la rama de un árbol en tiras o rodajas, inscribir símbolos en ellas y arrojarlas sobre una tela para leer el patrón. Es decir, se usaban a modo de palos rúnicos. Existe un gran consenso sobre que estos símbolos eran el *futhark* antiguo, aunque no podemos saberlo con certeza. Aún así, el relato de Tácito fue la base para recrear la adivinación rúnica en los tiempos modernos.

FEHU URUZ THURISAZ ANSUZ

RAIDHO KENAZ GEBO WUNJU

HAGALAZ NAUTHIZ ISA JERA

EIWAZ PERTHO ALGIZ SOWILO

TIWAZ BERKANO EHWAZ MANNAZ

LAGUZ INGWAZ DAGAZ OTHALA

Parte del simbolismo de las runas fue registrado en los poemas rúnicos, que enumeran cada letra del alfabeto rúnico (concretamente las runas más jóvenes o anglosajonas) y siguen con una estrofa que incluye un recurso nemotécnico para recordar su significado. Los poemas ayudaron a preservar el conocimiento literario y cultural de las runas y hacen alusión a ideas espirituales que todavía podemos utilizar hoy en día. A medida que profundiza en el aprendizaje de las runas, le recomiendo leerlas y meditar sobre su significado para crear asociaciones personales de cara a su propia práctica mágica, si así lo desea.

UN RESURGIMIENTO COMPLICADO DE LAS RUNAS

Después de que Escandinavia se convirtiera al cristianismo, las runas fueron eliminadas gradualmente como sistema de escritura. Cuando la mitología nórdica se hizo popular en el período romántico, los interesados en la magia y las prácticas espirituales comenzaron a reevaluar las runas como una posible fuente de sabiduría. Guido von List, un esoterista austríaco, incorporó las runas a su sociedad ariosofía, un grupo que aplicaba teorías ocultistas y espirituales para defender la supremacía aria. Además de utilizar las runas para ese propósito inmoral y reprobable, List las presentó de una forma sumamente incorrecta; sus presuntas «runas armanas» incluían solo las runas *futhark* jóvenes y una que se inventó él mismo. De hecho, incluso emparejó erróneamente algunas de las runas con nombres incorrectos.

Teniendo en cuenta la tergiversación de las runas que hizo List, puede que le parezca asombroso que ocupen un lugar especial en la espiritualidad nórdica hoy en día. Afortunadamente, pocas personas asocian a List con las runas, y en cambio muchos las relacionan con J. R. R. Tolkien, que las utilizó en mapas e ilustraciones para la edición original de *El hobbit* y *El Señor de los Anillos*, como alfabeto de los enanos. Las ediciones posteriores reemplazaron las runas con un nuevo alfabeto inventado por Tolkien, pero la amplia influencia de la mitología nórdica en *El Señor de los Anillos* ayudó a dar visibilidad a este conjunto de signos rúnicos, con lo que despertó la curiosidad del público moderno.

Los mitos nórdicos y las runas continuaron apareciendo en otras obras populares, como *Las crónicas de Narnia*, y en cómics, como *El poderoso Thor*. En la década de 1970, se fundaron las primeras organizaciones *heathen* para practicar el neopaganismo nórdico. Poco después, se imprimieron varias revistas centradas en este tema. Durante las décadas siguientes, las runas y el paganismo nórdico adquirieron aún más popularidad, y escritores como Diana L. Paxson publicaron libros clásicos sobre cómo usar el alfabeto rúnico en las prácticas de magia y de adivinación. En la actualidad, las runas son una de las herramientas de hechicería más reconocibles en las tiendas de brujería.

En 1955, una colección de más de seiscientas inscripciones rúnicas medievales, grabadas en varas de madera de cuatro lados, fue desenterrada cerca de Bergen (Noruega). Estos «palos de Bryggen con runas» son una fuente de información de valor incalculable, sobre todo para saber cómo se utilizaban estas letras en las prácticas de magia. Asimismo, demostraron que su uso como alfabeto se prolongó más tiempo de lo que se había pensado previamente, como mínimo hasta finales del siglo XIV.

LAS RUNAS DEL *FUTHARK* ANTIGUO

Es el conjunto de signos más antiguo y más usado en el misticismo nórdico. Aquí tiene una imagen de cada runa y una breve descripción del significado más aceptado. Aparecen siguiendo el orden alfabético en nórdico antiguo, un orden que es tan importante como la acepción. Medite sobre las runas para lograr una comprensión más profunda y personal de cada una de ellas.

 **FEHU** es la primera runa, un símbolo de prosperidad y de buen augurio. Representa a las vacas y a otro tipo de ganado, que eran una fuente fundamental de riqueza y comida para las familias durante la era vikinga. Cuando aparece en una lectura, puede representar abundancia o una llamada de atención sobre los proyectos en los que invertimos nuestro tiempo y energía.

 **URUZ** representa la fuerza salvaje e indómita. A diferencia de Fehu, Uruz se equiparaba a los uros, los bueyes salvajes ahora extintos. En una lectura, puede hacer referencia a la salud y a la curació, así como a una defensa rigurosa. Invoca nuestra pasión y motivación para esforzarnos por alcanzar nuestras metas.

 **THURISAZ** significa «espina» en nórdico antiguo y era símbolo del martillo de Thor. Su naturaleza es dual: afilada y dañina. Igual que una mata de espinos puede dañarnos mientras protege su interior y un martillo puede construir y destruir, Thurisaz representa la defensa activa y el poder, y exige un uso cauteloso.

 **ANSUZ** hace referencia a la respiración, las palabras y el espíritu. Representa las voces sagradas de nuestros dioses y espíritus. Nos llama a tranquilizarnos y a escuchar atentamente. Puede significar un presagio o un mensaje en una lectura, o sugerir que su situación exige que escuche bien y diga la verdad.

 **RAIDHO** es la runa de las carreteras y los viajes. Simboliza a vehículos como carros, caballos y ruedas. Nos puede ayudar a aceptar nuestro camino, a avanzar con gracia a través del cambio

y a determinar el curso de acción adecuado. Cuando aparece en una lectura, debe considerar los caminos abiertos para usted que pueden conducirle a sus objetivos.

 **KENAZ** significa «antorcha» en nórdico antiguo y representa el papel del fuego como fuente de iluminación e inspiración. Kenaz es la hoguera junto a la cual escuchamos historias, el horno que hace pan y la chispa de creatividad que nos enciende el corazón. En una lectura, Kenaz puede significar pasiones intelectuales y creativas, sobre todo las que restauran nuestro espíritu.

 **GEBO** significa «regalo» y representa la generosidad y gratitud. La entrega de regalos, la hospitalidad y las relaciones eran muy importantes. Esta runa puede significar que vas a recibir ayuda o que tendrás oportunidades de profundizar relaciones (o crear nuevas). Gebo nos invita a dar y recibir con el corazón abierto, valorándonos a nosotros mismos y a los demás por igual.

 **WUNJO** es la runa de la alegría y la celebración. Representa la felicidad y la armonía, desde un padre que tiene en brazos a su primer bebé hasta una fiesta anual del orgullo. Cuando aparece en una lectura, puede que nos esté recordando que sigamos buscando la realización incluso después de momentos de sufrimiento.

 **HAGALAZ** representa granizo y tormentas feroces. Del mismo modo que las tormentas de hielo suponen un peligro, Hagalaz presagia dificultades a las que deberemos enfrentarnos. Pero, así como el granizo es una «semilla» que se derrite y se convierte en agua que da vida, Hagalaz promete la renovación tras la tormenta.

 **NAUTHIZ** significa «necesidad» y se refiere a los recursos más esenciales que nos sostienen. Esta runa representa el fuego contra el frío, el alimento saciador y la compañía para nuestra soledad. En una lectura, puede presagiar que se avecinan tiempos difíciles o recordarnos las limitaciones inherentes a nuestras vidas.

 **ISA** es la runa del hielo y la quietud. Del mismo modo que el silencio nocturno de un prístino paisaje nevado aporta calma, Isa nos invita a hacer una pausa y reflexionar (o creará límites que nos obligarán a hacerlo). Cuando aparece en una lectura, con-

sidere los beneficios de desacelerar en lugar de actuar de inmediato, o si tiende demasiado a la indecisión y a pensar demasiado.

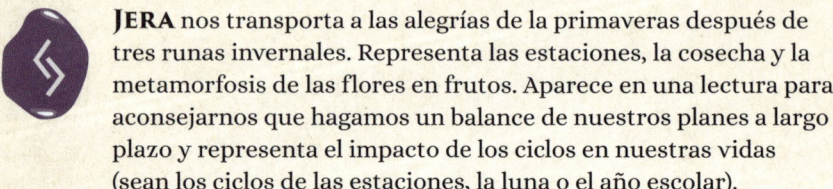 **JERA** nos transporta a las alegrías de la primaveras después de tres runas invernales. Representa las estaciones, la cosecha y la metamorfosis de las flores en frutos. Aparece en una lectura para aconsejarnos que hagamos un balance de nuestros planes a largo plazo y representa el impacto de los ciclos en nuestras vidas (sean los ciclos de las estaciones, la luna o el año escolar).

EIWAZ representa el tejo, que fue venerado en Europa y Asia en la Antigüedad. Simboliza el equilibrio entre la vida y la muerte. Cuando aparece en su lectura, puede presagiar la necesidad de transformación personal y de cultivar raíces fuertes.

PERTHO se asocia con la adivinación y los juegos de azar. Puede representar coincidencia, causa y efecto y el misterioso funcionamiento del *wyrd* (destino). Cuando aparece en una lectura, busque conexiones inesperadas o soluciones creativas a su situación.

ALGIZ tiene una forma de tres puntas que se asemeja a las astas de un alce o a la planta de juncia, que tiene hojas tan afiladas que pueden cortar si se manipulan incorrectamente. Esta runa representa vigilancia, protección y espacios sagrados.

SOWILO es la runa del sol y la victoria. Cuando le sale en una lectura, es una señal de que está más cerca de sus objetivos y de que está recibiendo el apoyo que necesita.

TIWAZ es la runa del dios Týr, un líder honorable de los *aesir*. Se asocia con asuntos de honor, justicia y confianza. La cultura nórdica temprana valoraba la lealtad a la familia y el hecho de mantener palabra. En una lectura, nos recuerda la importancia de nuestros vínculos y de actuar según nuestros valores.

BERKANO significa «abedul» en nórdico antiguo, un árbol a menudo descrito como una «madre generosa» en las *eddas* y sagas. El abedul proporcionaba corteza para papel, madera para leña, aceite para curar, frutos para comer y savia para jarabe y alquitrán. Simboliza la regeneración, la purificación y la curación.

 **EHWAZ** significa «caballo» y simboliza el compañerismo, la velocidad, el espíritu amistoso, los aliados o la habilidad del alma para viajar (algo que las brujas suelen llama *hedge-crossing*). Nos aconseja sintonizarnos intuitivamente con quienes compartimos nuestra vida o actuar rápidamente y con gran energía.

 **MANNAZ** representa a la humanidad y al mundo mortal de Midgard (el reino de Yggdrasil en el que vivimos). Esta runa simboliza no solo el potencial interior de cada persona sino también el de las comunidades en las que confiamos para la realización y la supervivencia. Nos recuerda que cada persona tiene un regalo que aporta algo al mundo y nos aconseja buscar ayuda de los demás cuando es necesario.

 **LAGUZ** es la runa de los ríos y los lagos de agua dulce. Simboliza el flujo, la intuición psíquica y las emociones. Laguz nos ayuda a ver los pensamientos y los sentimientos ocultos debajo de la superficie de nuestra mente. En una lectura, puede sugerir que cedamos el control y «nos dejemos llevar» o exploremos las profundidades de una situación.

 **INGWAZ** significa «prado» y tiene la forma de una semilla. Se mantiene en la tierra hasta que nace y revela su potencial. En una lectura, puede significar aislamiento productivo, energía potencial o la posibilidad de duplicar la buena fortuna. Ingwaz nos llama a obtener sanación a partir de las alegrías creativas de la vida.

 **DAGAZ** significa «día» en nórdico antiguo y se asociaba con el solsticio de verano. Simboliza la culminación y los finales felices, pero también nuevos comienzos, recordándonos que nuestra historia nunca termina realmente. Cuando aparece en una lectura, nos desafía a encontrar significado a nuestra vida cotidiana y a buscar nuevas direcciones si ese significado se nos escapa.

 **OTHALA,** la última runa del *futhark* antiguo, simboliza el hogar, la familia y la historia. Nos llama a celebrar nuestra cultura mientras compartimos la alegría de la tradición. En una lectura, Othala simboliza todo lo que tenemos al volver a casa al final de nuestro viaje y nos recuerda que debemos invertir en nuestra vida personal.

EL USO MÁGICO DE LAS RUNAS

Trabajar con las runas es una forma magnífica de empezar a practicar la espiritualidad y el paganismo nórdicos. A diferencia del tarot, que tiene muchas cartas con distintos significados, el *futhark* antiguo solo tiene veinticuatro runas; esta simplicidad permite a los principiantes empezar de manera fácil, mientras que los más experimentados pueden explorar los matices más profundos y las múltiples facetas de cada una.

Para empezar, basta con adquirir unas runas en tu tienda local especializada en prácticas mágicas. Aunque la madera sea el material más tradicional, puede encontrarlas talladas en piedras, trozos de asta o cuerno y en otras opciones creativas. También puede hacerlas usted mismo pintando o tallando runas en discos finos de madera o fichas de juego en blanco. Independientemente de si las compra o las hace, salude a cada runa cantando su nombre para invocar a su espíritu. Respire profundamente tres veces y sople con cuidado sobre la runa cuando exhale; de este modo, comparte su respiración y su energía con ella y la ayuda a cobrar vida. También debería disponer de una bolsa especial para guardar las runas y una tela para colocarlas cuando haga la lectura.

Tómese su tiempo para aprendérselas y conocerlas bien. Al principio, es útil sacar una al día (o incluso solo una a la semana) de la bolsa y concentrarse en esa runa exclusivamente. Puede optar por investigarla, meditar sobre su significado o escribir en un diario sus impresiones sobre ella. Entonar cánticos o cantar las runas, una práctica denominada *galdr* (*véase* pág. 30), también es una forma maravillosa de sintonizar con ellas. Recuerde que en la espiritualidad nórdica se creía que la respiración y la voz eran expresiones del espíritu. Por lo tanto, pasar unos minutos entonando cánticos o cantando el nombre de la runa al principio del día es una forma potente de invocar su energía y hacerse una idea de cómo es. Si intenta esto, escriba sus observaciones al final del día; con el tiempo, puede buscar patrones para ver cómo impacta esa runa en sus experiencias diarias.

Las runas también se pueden utilizar en hechizos, ya sea solas o como complemento de una práctica espiritual más grande. Puede empezar escogiendo una runa que coincida con su meta, como Fehu para la prosperidad en un hechizo de dinero, y escribiéndola en una carta. Entone un cántico con su nombre, insúflele vida y dígale lo que intenta lograr. Esta carta puede colocarse debajo de una vela durante el hechizo, llevarla en la cartera o dejarla sobre su altar para llevar esa energía a su vida. Recargue la carta con su aliento de forma regular y quémela cuando haya acabado para liberar su energía. Si practica magia con velas, también puede grabar las runas sobre ellas.

A medida que adquiera más experiencia con las runas, puede intentar combinar una o más en un único símbolo denominado «runa ligada». Esta fusión nos ayudará a sintetizar sus poderes, lo que le permitirá invocar a una energía más específica para sus hechizos. Las runas ligadas nacieron en el siglo II y se popularizaron alrededor del 800 e. c. Todavía aparecen hoy en contextos que no son mágicos; por ejemplo, el logo de Bluetooth es una runa ligada, fruto de la unión de Berkano e Ior (que forma parte del conjunto de runas de *futhark* anglosajón en lugar del *futhark* antiguo).

LA ADIVINACIÓN CON RUNAS

Una vez que se sienta cómodo con los significados básicos de las runas, dedique tiempo a conectar con sus runas físicas. Duerma con la bolsa metida en la funda de la almohada para conectarlas con su psique. Déjelas fuera cuando haya luna llena para cargarlas con energía lunar purificadora. Sienta cualquier imperfección en el material del que estén hechas. Incluso puede hacer algo tan sencillo como contarles cómo le ha ido el día. Le recomiendo que las guarde en una bolsa con cordón que no se transparente (la mía es de terciopelo púrpura). Asegúrese de que sea suficientemente grande como para que las runas se mezclen bien en el interior al agitarla.

Además, puede usarlas para la adivinación y la lectura de la fortuna. Muchas predicen el futuro, pero recuerde que el concepto nórdico de *wyrd* no consideraba que fuera algo fijo o predestinado, así que no olvide que hablamos de influencias sobre lo que puede suceder, y no a un resultado establecido. Estas son las tres formas básicas de empezar.

LECTURA DE UNA RUNA. La más sencilla, y una forma fantástica de iniciarse en este tema, es empezar sacando solo una runa de la bolsa. Es una gran lectura que le ayudará a aprender el significado independiente de cada una.

- Saque una runa al día de la bolsa para que le aconseje sobre cómo actuar cuando surge algún problema.
- Saque una runa para responder a una pregunta de sí o no.

LECTURA DE DOS RUNAS. Saque de la bolsa dos runas a la vez.

- Una representa la situación y la otra, posibles soluciones o formas prácticas de avanzar.
- Una representa el pasado y la otra, el futuro. También pueden representar posibles futuros en una encrucijada.

LECTURA DE TRES RUNAS. Esta lectura conecta tres aspectos. Le enseñará de qué forma cuentan una historia y cómo interactúan entre sí.

- ⚙ Escoja una runa para el pasado, otra para el presente y otra para el futuro.
- ⚙ Escoja una runa para comprender un problema, otra para encontrar una posible solución y otra para averiguar por qué funciona esa solución.

CÓMO LANZAR RUNAS

La expresión «lanzar runas» también se conoce como «echar runas». El método más avanzado de leerlas es sacar varias de la bolsa y lanzar-las con cuidado sobre la tela sagrada que ha elegido usted y que solo usa para este fin. Cualquier runa que aterrice boca arriba forma parte de la lectura, mientras que las que están boca abajo se pueden ignorar o apartar. Este método se basa en la intuición y la práctica para inter-pretar no solo el significado de las runas concretas, sino también los patrones que forman al caer.

- ⚙ Si varias runas caen cerca unas de las otras o se tocan, sus influencias pueden estar relacionadas.
- ⚙ Si una runa aterriza lejos de las demás, puede representar un elemento distinto de la situación.
- ⚙ Las runas que aterrizan encima de otra pueden significar que están en conflicto.
- ⚙ Si una runa vertical cae sobre una que está boca abajo, podría significar que hay algo que no ve o que le están ocultando algo.

Con el tiempo, puede personalizar este método según su comprensión y perspectiva.

CÓMO LEER LAS RUNAS

Empiece la lectura de las runas preparando el espacio. Limpie la superficie que utilizará para la lectura y coloque una tela (*véase* pág. 51). Si va a pedir a los dioses que le presten su poder o sabiduría en la lectura, déjeles una ofrenda adecuada en la esquina de su espacio, por ejemplo, cerveza o miel.

A continuación, limpie las runas para que ninguna energía de fuera de esta sesión en concreto esté presente o persista. Esto se puede hacer con humo, quemando una varita de enebro o romero para limpiar el espacio, o a través del sonido, cantando, tarareando, entonando cánticos o usando instrumentos de percusión como una campana o tambores encima de las runas.

Cuando ya tenga el espacio preparado y antes de recoger las runas, céntrese y formule la pregunta. Procúrese un asiento cómodo y cierre los ojos. Estire la columna y mantenga los hombros abiertos para abrir el corazón sin hinchar el pecho. Mientras respira, relaje los músculos, acomódese en su propia piel y formule la pregunta.

La buena pregunta debe ser específica, sin buscar una respuesta de «sí» o «no». Céntrese en cosas que estén bajo su control; por ejemplo, no es apropiado pedir a las runas que hagan que alguien le quiera, porque eso amenaza su autonomía. A continuación, se muestran algunos ejemplos de cómo hacer preguntas correctas:

- ¿Cómo debo gestionar la situación de tener un jefe indiferente en el trabajo?

- ¿Debería mudarme a una ciudad nueva con mi mejor amigo o quedarme donde estoy con mi pareja?

- ¿Cómo debería expresar cómo me siento sobre un problema con mi hermano?

- ¿Cuál es la causa de esta fuerte emoción que siento?

Una vez que haya formulado una pregunta específica, tome la bolsa y agítela al menos diez veces. Haga la pregunta, ya sea en voz alta o mentalmente, al menos tres veces mientras esté sacudiendo la bolsa. Deslice la mano dentro de la bolsita y elija de tres a cinco runas que le llamen. Es posible que las note particularmente cálidas o frías, o que su tacto le provoque una oleada de energía. Puede sacar más de cinco si las siente con fuerza cuando las toca.

Sin mirar las runas, sáquelas y colóquelas entre las palmas de la mano. Deles una sacudida enérgica (sin perder ninguna) y vuelva a hacer su pregunta. Lance las runas sobre la la tela de lectura. Revise el apartado «Cómo lanzar runas» de la página 51 para obtener información detallada sobre cómo interpretar la caída. Escriba los resultados. Esto le ayudará a crear asociaciones más firmes y sólidas mientras practica. Cuando haya terminado, limpie las runas de nuevo y vuelva a meterlas en su bolsa. Cave un hoyo en el jardín y entierre los restos de miel y cerveza (o deséchelos como haría normalmente).

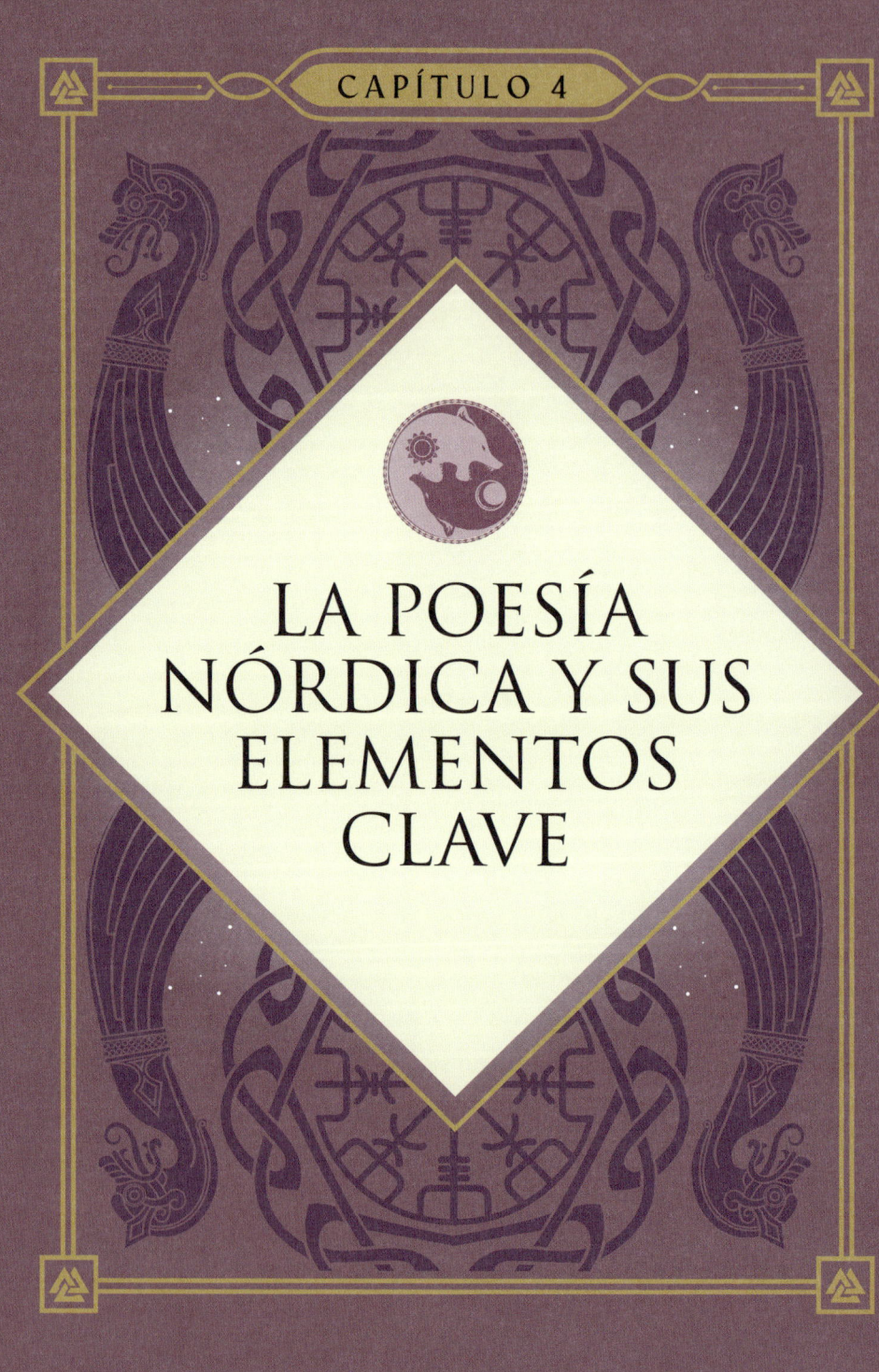

CAPÍTULO 4

LA POESÍA NÓRDICA Y SUS ELEMENTOS CLAVE

Los documentos de la poesía nórdica que han sobrevivido son complejos y difíciles de comprender, incluso cuando se traducen del nórdico antiguo. Cuando oían los mitos y aprendían acerca de las deidades, el pueblo nórdico antiguo ya sabía muchas de las cosas que exponemos en este capítulo. Sabían qué buscar cuando un poeta retaba al público a adivinar qué personaje disfrazado era Odín y conocían la compleja relación entre los nueve reinos y los distintos grupos de dioses y diosas. Fueron necesarios muchos años de estudio y exposición a las epopeyas y sagas antes de que la audiencia nórdica antigua original pudiera desentrañar adecuadamente todos los temas matizados de las historias. Tómese su tiempo para aprender todas las configuraciones y atributos básicos de la mitología nórdica. Utilice este capítulo como referencia sobre sus facciones y para afianzar su comprensión a medida que se sumerge en el mundo de la poesía y la mitología nórdicas.

TEXTOS QUE HAN SOBREVIVIDO

Gran parte del conocimiento que tenemos sobre los mitos y el misticismo nórdicos se basa principalmente en los textos originales que han sobrevivido, como *La Edda poética*, *La Edda prosaica* y las diversas sagas. Muchos de esos poemas épicos formaban parte de una tradición oral, o de una historia que se transmitía de una persona a otra durante generaciones antes de ser escrita. Estas epopeyas eran relatos que contenían elementos históricos, y su objetivo era entretener e instruir a los primeros pueblos nórdicos.

En general, las historias de estos textos se representaban en una de estas dos formas: los poemas denominados *eddas* se solían interpretar por un grupo de personas y, por lo general, erans de estilo informal. En cambio, la poesía escáldica la interpretaban narradores reconocidos, llamados «escaldos», que eran maestros de su oficio y se esforzaban por hacer pensar al público. Los escaldos solían viajar solos de un pueblo a otro y representaban las epopeyas en forma de monólogo y asumiendo todos los papeles, mientras que las eddas contaban con un grupo teatral en el que cada miembro era un solo personaje.

Los textos más antiguos que sobreviven se conservan en gran parte debido a la introducción del cristianismo en territorios nórdicos y a la forma en que los escribas cristianos utilizaron las herramientas de su lengua para registrar estas epopeyas. Es importante recordar que estos monjes tenían una cultura, un idioma y una forma de vida diferentes a los de los nórdicos, por tanto, estas historias han llegado hasta nosotros a través de su mirada, además de la de los propios nórdicos. A pesar de que los antiguos nórdicos tenían un alfabeto, las runas, las narraciones se transmitían oralmente. Poetas nórdicos que se habían convertido al cristianismo, como Snorri Sturluson (autor de *La Edda prosaica*), combinaron su herencia y su fe y plasmaron la poesía sobre el papel.

LA EDDA POÉTICA

La Edda poética tal y como la conocemos hoy en día es una colección escrita anónima de poesía nórdica que incluye las historias del origen del universo, los dioses y héroes mortales. Probablemente escrita en la década de 1270, su paradero se desconoció durante varios siglos hasta que fue recuperada en 1643. Al principio, se pensó que era la *edda* más antigua porque el obispo Brynjólfur Sveinsson, la persona que la redescubrió en 1643 (*véase* pág. 24), pensaba que había sido obra de Sæmundr Sigfússon, que vivió cien años antes de que se escribiera *La Edda prosaica*. Por este motivo, a veces se denomina *La Edda mayor* o *La Edda de Sæmundr*. Desde entonces, se ha demostrado que esto es falso y probablemente fueran obra de cristianos nórdicos, entusiasmados con los cuentos poéticos aproximadamente al mismo tiempo.

Independientemente de quién escribiera *La Edda poética*, es probable que copiara un manuscrito escrito incluso antes en la década de 1250. Los poemas están separados en dos apartados: mitológicos y heroicos. Los primeros cuentan historias sobre los dioses y los segundos, sobre los primeros héroes germánicos populares, a menudo con cameos de las deidades nórdicas. Normalmente, cada poema introduce un personaje al principio, lo que sugiere que fue escrito para una audiencia poco familiarizada con los personajes y las historias.

Algunos de los poemas más populares de *La Edda poética* son «Völuspá» (La profecía de la *volva*), que cuenta la historia de los dioses, y «Lokasenna» (Los sarcasmos de Loki), en el que Loki detalla los defectos de otros *aesir* y la venganza de estos.

LA EDDA PROSAICA

La Edda prosaica es obra de Snorri Sturluson, un bardo que trabajó para preservar la mitología nórdica en un formato que fuera aceptable para las autoridades de la iglesia cristiana alrededor del 1216 e.c. Denominar a Snorri Sturluson simplemente bardo, pese a ser preciso, no le hace justicia. Fue una figura política, un erudito, un historiador y un experto en el estilo de poesía escalda. Nació entre 1178 y 1179, y fue tan venerado que supuestamente fue asesinado por el rey de Noruega.

Se debate si la introducción de *La Edda prosaica* (que defiende el euhemerismo al leer e interpretar historias antiguas) fue escrita por Snorri Sturluson o añadida después de su muerte. El euhemerismo, en este caso, es la creencia de que las deidades nórdicas eran, en realidad, antiguos reyes nórdicos que fueron elevados mediante la poesía escáldica al estatus deífico. Esto significa que *La Edda prosaica* vuelve a contar algunas historias de *La Edda poética* en las que algunos de los dioses aparecen como ancestros a los que se honra. Los cambios de *La Edda prosaica* respecto a *La Edda poética* son menores, en general, pero sus interpretaciones ligeramente diferentes indican cómo el cristianismo pretendía reducir lo que alguna vez fueron poderosas deidades dignas de adoración a simples mortales y héroes populares.

La Edda poética deriva del *Codex Regius*. Escrita a mano en vitela (papel hecho con cuero de ternero), es una escritura densa en la que se usa abreviaturas para los nombres repetidos más de una vez en un poema para ahorrar espacio. Originalmente tenía 106 páginas, de las cuales solo se conservan 90, y contiene treinta y un poemas que son algunos de los materiales originales más antiguos del folklore y la mitología nórdicos tempranos. Una vez redescubierta, el obispo que la encontró se la regaló al rey de Dinamarca, pero posteriormente, hacia 1971, fue devuelta a Islandia.

KENNINGS EN LA NARRACIÓN NÓRDICA

Comprender los textos nórdicos antiguos, especialmente aquellos que fueron interpretados por los escaldos, es mucho más fácil una vez que se comprende el uso de *kennings*, es decir, metáforas poéticas que hacen referencia a personajes y lugares. Añaden un acertijo y un elemento misterioso a la narración oral. Los oyentes inteligentes eran recompensados cuando descifraban el verdadero significado del bardo. Sin embargo, esto hace que las *eddas* sean un desafío para los lectores modernos, ya que carecemos de un marco de referencia compartido. Por esta razón, *La Edda prosaica* de Snorri tiene un valor incalculable, ya que explica el sistema de *kennings*.

Las metáforas de un *kenning* son fórmulas. Reemplazan un sustantivo con dos o más partes que a menudo se refieren a la tradición y a la mitología nórdicas. Por ejemplo, en lugar de decir «fuego», un poeta podría decir «sol del hogar». También se utilizaban *kennings* para los personajes. A veces, se hace referencia a Odín diciendo «Señor de la horca» o que sus acciones son las del «ahorcado», y llaman a Loki «padre de lobo» o «padre del hilo del mar» debido a su parentesco con Fenrir el lobo y Jörmungandr, la serpiente de Midgard.

A veces, si los escaldos pensaban que su público conocía bien muchas de las historias que contaban, en sus narraciones combinaban dos *kennings* famosos para crear un acertijo más complejo. Por ejemplo, un *kenning* utilizado para la sangre es «mar herido», y tiene como objetivo describir una pérdida de sangre dramática y expansiva. A un cuervo se le puede llamar «cisne de sangre» por su afición a devorar cadáveres. Las dos metáforas podrían combinarse como «cisnes del mar herido» para describir la crueldad de los cuervos (o una bandada de ellos) en un campo de batalla.

El conocimiento moderno sobre los *kennings* se debe casi exclusivamente al autor de *La Edda prosaica*, Snorri Sturluson. Dos de sus apartados, «Háttatal», la enumeración de la métrica, y «Skáldskaparmál», el lenguaje de la poesía, describen explícitamente cómo interpretar esta herramienta lingüística creativa. Sin esta guía, sería increíblemente difícil interpretar la poesía escáldica.

FACCIONES

De forma parecida a lo que ocurre con los humanos, los dioses de la mitología nórdica se dividen en distintas facciones. Todos los dioses son poderosos y cada facción simboliza algo específico. Los *aesir*, los dioses del panteón principal de la religión y la mitología en nórdico antiguo, son muy reconocibles porque son los más parecidos a los humanos. Los *vanir*, un grupo de dioses más antiguo asociado con la fertilidad, la sabiduría y la capacidad de ver el futuro, son similares a los *aesir*, pero simbolizan la conexión entre la humanidad y la naturaleza. Los *jotnar* son seres primordiales con una fuerza que a menudo supera a la de las otras facciones. También se les puede denominar con el término negativo *þurs* y son los más alejados de la humanidad, con habilidades que imitan las fuerzas brutas de la naturaleza. Se pueden hacer (¡y a menudo se hacen!) conexiones con las diferentes facciones de deidades. Las energías que la invocación de los *aesir*, *vanir* y *jotnar* aportan a los hechizos, las meditaciones y las prácticas nórdicas generales son distintas y pueden crecer y cambiar cuanto más se trabaja con ellas.

LOS *AESIR*

Los *aesir* (o *Æsir* en nórdico antiguo) son los dioses celestiales que se establecieron en Asgard después de la guerra contra los *vanir*. Son lo que la mayoría de la gente imagina cuando piensa en los dioses nórdicos. Muchos de los personajes familiares de la mitología nórdica son dioses *aesir*, como Thor, Odín y Frigga. Están muy involucrados en el reino de los mortales, mucho más que las otras facciones. Simbolizan la forma en que los humanos reaccionan entre sí. También son los dioses guerreros que simbolizan la lealtad y el honor, y suelen pelearse entre ellos sobre cuáles son las batallas adecuadas que hay que librar. Dicho esto, a menudo están preocupados por engañar a otros para obtener aquello que quieren y gastarse bromas entre sí.

Cuando invoque a los *aesir* en un hechizo, tenga en cuenta que hacer una pequeña ofrenda después de realizar un hechizo los motivará a ayudar. Les encanta el hidromiel, una bebida alcohólica hecha de miel fermentada; deje un poco en un dedal u otro recipiente pequeño cerca de donde realizó su hechizo y observará que trabajar con ellos será mucho más «dulce». También aman el oro, como demuestra la ciudad dorada en la que se cree que residen, por lo que los regalos de metales preciosos y joyas que se dejan en los altares siempre son bien recibidos.

LOS *VANIR*

Los *vanir* son los dioses de la naturaleza de la mitología nórdica, y hay algunas teorías sobre por qué son distintos de los *aesir*, a pesar de ser tan similares físicamente. Algunas escuelas de pensamiento creen que estos eran los dioses venerados antes de los *aesir*. Otras piensan que los *vanir* representaban a los agricultores y los *aesir*, a los exploradores y aventureros.

Probablemente nunca sepamos su verdadero origen, pero desde el punto de vista mitológico, su hogar está en Vanaheim, uno de los nueve reinos situados alrededor del árbol del mundo, Yggdrasil. Simbolizan la forma en que los humanos interactúan con la naturaleza. Muchos de estos dioses son deidades patronas de la fertilidad, las estaciones del año y el crecimiento de los cultivos.

LA GUERRA *AESIR-VANIR*

Cuando los *aesir* y los *vanir* todavía estaban estableciendo sus puntos de apoyo en los nueve reinos, comenzó una larga guerra entre las dos facciones. Una hechicera *vanir* llamada Gullveig (que se podría traducir como «borrachera por oro») viajó a Asgard. Los *aesir* afirmaron que Gullveig había hecho unas elaboradas exhibiciones mágicas para poder robarles el oro. Los *vanir* dijeron que los *aesir* exigieron a Gullveig que les contara los secretos de su magia dorada y ella se negó. sea como sea, ambas historias presentan a los *aesir* rabiosos, intentando (sin éxito) quemar viva a la hechicera por tres veces.

Cuando la hechicera volvió a Vanaheim, ambos bandos estaban furiosos por cómo habían sido tratados. Los *aesir* y los *vanir* lucharon en una larga guerra en la que estaba claro que ninguno de los bandos ganaría jamás. Bloqueados por esta lucha de poder, hicieron una tregua e intercambiaron algunos de sus dioses y diosas más fuertes para sellar formalmente la paz. Los gemelos *vanir*, Freyr y Freyja, y su padre se fueron a Asgard, y Mimir y Hoenir, preciados consejeros de Odín, fueron objeto de intercambio y pasaron a los *vanir*.

LOS *JOTNAR*

Los *jotnar* (también denominados *jǫtunn* o *jötunn* en nórdico antiguo y pluralizado como *jǫtnar* o *jötnar*) son seres inmensamente poderosos en la mitología nórdica y están inherentemente ligados al mundo natural. A veces llamados gigantes, sobre todo en las versiones modernas de mitos más antiguos, suelen estar en conflicto con los *aesir* y *vanir*, que desconfían de ellos. No son una facción intrínsecamente malvada, viven en lugares salvajes y hostiles y simbolizan las fuerzas de la naturaleza.

Todos los *jotnar* descienden del primer gigante de la escarcha, Ymir. La mayoría de ellos fueron erradicados por la marea de sangre de Ymir cuando Odín y sus hermanos lo mataron. Solo escapó ileso un *jötunn*, que repobló el reino que se convirtió en su hogar, Jotunheim. Algunos *jotnar* grandes tienen el tamaño de montañas reales, mientras que otros son simplemente muy altos. Están acostumbrados a la naturaleza fría e implacable y viven aislados. También son inteligentes y viven en sus propios *halls* (el antiguo término nórdico para designar un gran espacio de reunión para familias), en ocasiones, formando parte de comunidades grandes. A menudo temerosos de Thor y su martillo, no pueden resistirse a engañar a los *aesir* y gastarles bromas.

YGGDRASIL Y LOS NUEVE REINOS

Yggdrasil, también denominado «árbol del mundo», es un magnífico fresno que unifica los nueve reinos de Asgard, Alfheim, Vanaheim, Muspelheim, Midgard, Jotunheim, Niflheim, Svardlhleim y Helheim. Estos reinos conforman el universo donde se desarrolla toda la mitología nórdica e indicaban a los pueblos antiguos el lugar que debían ocupar en él.

EXPLORACIÓN DE LOS NUEVE REINOS

Considere el siguiente recorrido por los nueve reinos de Yggdrasil. Cada ubicación tiene su entorno y sus residentes propios. Ningún reino gobierna a todos los demás y el orden en el que se presentarán está determinado por su ubicación en el árbol del mundo, comenzando por arriba y terminando en la base.

Yggdrasil es conocible, pero también insondable. Los datos que sabemos sobre él se han perdido o son contradictorios. Aunque sepamos que hay nueve reinos y se menciona en las *eddas*, no hay una lista detallada de ellos. Los reinos y sus ubicaciones varían en los materiales originales y sus interpretaciones artísticas también suelen diferir.

ASGARD. En lo más alto está Asgard, hogar de los *aesir*, los dioses y diosas guerreros de muchas de las historias de la mitología nórdica. Hay palacios (normalmente llamados *halls*, «salones» en los mitos) hechos de plata, oro y otros metales preciosos. Si bien Asgard se representa principalmente en las ramas del árbol del mundo, una raíz de Yggdrasil reside en Asgard, en el Pozo de Urdr (*véase* pág. 110 para obtener más información sobre Urdr).

ALFHEIM. Después de Asgard viene Alfheim (también llamado *Ljossalfheim*, *Ljósálfheim* o *Ljósálfaheim*), hogar de los elfos luminosos y ancestros honrados. Se parece mucho a Midgard (el reino de los mortales, un paso más abajo), pero está mucho más limpio. Además, allí siempre hace sol y nunca anochece. Sabemos por las fuentes conservadas que Freyr de los *vanir* gobierna este reino, aunque las razones que lo explican no están claras. Descansa en lo alto del árbol con Asgard y Vanaheim.

VANAHEIM. Todavía en la parte superior del árbol está Vanaheim, residencia de los *vanir*. Son los dioses y las diosas de la naturaleza, y viven en un paraíso verde resplandeciente de gran belleza natural. Aquí, el sol brilla, aunque no constantemente, y el reino se asienta sobre las ramas del árbol del mundo, cerca de Asgard.

MUSPELHEIM. A continuación, está Muspelheim, la tierra del fuego, aunque es difícil discernir dónde, de Yggdrasil, se halla en realidad. De hecho, no tenemos mucha información sobre esta tierra, pero las fuentes indican que en ella vivían gigantes de fuego y una especie de demonios. Allí, *Surtr* (que a veces es anglicanizado como *Surtur* y significa «negro» o «moreno» en nórdico antiguo) ocupa una posición de poder hasta que quema la tierra en el Ragnarok o apocalipsis. A partir del nombre, Muspelheim, se deduce que es probable que hubiera un gigante protofuego llamado Muspell, creador de este reino.

MIDGARD. Después viene Midgard, que es el reino mortal en el que viven los humanos. Es un disco plano que se asienta en la base del tronco de Yggdrasil. Se traduce libremente como «tierra media» o «campo medio» en nórdico antiguo. El borde del disco es el borde del mundo donde los mares llovieron sobre las raíces de Yggdrasil. La serpiente de Midgard Jörmungandr (que significa «serpiente poderosa») rodea el reino y se muerde la cola. Asgard está conectado con Midgard por un brillante puente arcoíris llamado Bifrost.

JOTUNHEIM. Cerca de Midgard y, aún en la superficie, encontramos a Jotunheim (*Jötunheimar* en nórdico antiguo), que se traduce como «mundos gigantes», lo cual implica que puede haber más de uno. Está en la base del árbol junto a Midgard. El desierto absoluto de este reino es donde viven los *jotnar*. Los gigantes de la escarcha y de las montañas (que a veces son algo diferentes a los *jotnar* propiamente dichos) deambulan por estas tierras.

NIFLHEIM. También entre las raíces de Yggdrasil se halla Niflheim, la tierra de hielo, neblina y niebla. En este reino congelado, casi sólido y profundamente inhóspito solo viven las criaturas más hoscas. En este reino hay un manantial poderoso y siempre agitado llamado Hvergelmir. De él brotan diez ríos venenosos, que no hacen más que agravar la naturaleza inhóspita de Niflheim.

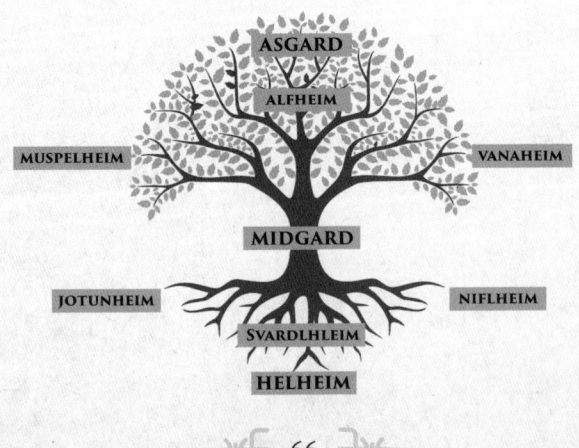

SVARDLHLEIM. Enredado debajo de las raíces reside Svardlhleim (a veces se le llama Nidivilir), o la tierra de los enanos y elfos de la oscuridad (algunas veces se dice que son el mismo tipo de criatura). Este reino es completamente subterráneo y está enredado dentro de las raíces superiores de Yggdrasil. Tiene un clima frío y es oscuro, similar a una cueva. Su musgo bioluminiscente brilla y proporciona toda la luz que los enanos necesitan.

HELHEIM. Por último, en la base de las raíces se halla el reino de Helheim, el noveno y más bajo mundo. La diosa Hel gobierna aquí, pero Helheim probablemente existiera antes de que Hel descendiera para gobernarlo. El camino a Helheim se llama Helveg, y es en este reino donde los muertos que mueren de vejez y enfermedad encuentran su descanso final. Un muro de cadáveres rodea el salón de Hel y tres puertas permiten el acceso de las personas: Helgrind, Nágrind y Valgrind («puertas de la muerte», «de los muertos» y «de la carroña» en nórdico antiguo, respectivamente). Es un lugar frío, oscuro y bastante deprimente, que acoge la raíz final del árbol del mundo.

ANATOMÍA DEL ÁRBOL DEL MUNDO

Yggdrasil, el árbol del mundo, se alimenta a través de estos tres elementos a los que está conectado: tres pozos, tres raíces y tres brechas o puentes.

LOS POZOS DEL ÁRBOL

Yggdrasil se alimenta del agua de tres pozos. El primero es el de Mimir, en Jotunheim, que es el pozo de la Sabiduría. En él se pueden cambiar cosas por un precio elevado, y hay que estar dispuesto a pagar caro para beber de sus profundidades. Odín se talló uno de sus ojos para la sabiduría de las runas y la magia. La cabeza de Mimir, que fue decapitada en una pelea con los *vanir*, reposa en el pozo con el ojo de Odín.

Ambos están preservados y lo ven todo, y la cabeza de Mimir todavía da buenos consejos a pesar de que esté muerto.

El pozo de Urdris está en Asgard y también se denomina «pozo del destino» o «pozo del origen». Los *aesir* celebran su consejo más importante allí mientras las nornas cuidan de las raíces del árbol con arcilla y barro.

El pozo final se llama Hvergelmir (Caldera Hirviente). Se halla en Niflheim y es el centro tanto de Niflheim como del cosmos. Muchos ríos venenosos fluyen desde la Caldera Hirviente con nombres como Svöl (fresco), Gunnthrá (dolor de batalla), Fjörm (corriente), Slíd (peligroso), Hríd (tormenta), Sylg (sorber), Ylg (loba) y Leipt (destello).

LAS RAÍCES DEL ÁRBOL

Las tres raíces están en Helheim, Jotunheim y Midgard. Nidhogg, un dragón nórdico, agente del caos, mastica implacablemente la raíz de Hel, intentando escapar de la prisión en la que lo mantienen las raíces. Las raíces alimentan al árbol. Este número se relaciona con los tres puentes y los tres pozos. El 3 en sí es sagrado en la mitología nórdica. La forma en que las nornas cuidan las raíces de los árboles (*véase* pág. 40), bañándolas en barro, es una antigua práctica agrícola utilizada en los frutales. Dicho cuidado simboliza el destino que cuida de la totalidad de la creación.

LOS PUENTES DEL ÁRBOL

Los tres puentes o «brechas» son el Gjallar, el Bifrost (Bilröst en nórdico antiguo) y el Ginnungagap. El Gjallar (o Gjallarbrú en nórdico antiguo) es el puente entre la tierra y el inframundo. El Bifrost es el puente entre el mundo de los dioses y el reino de los humanos que está vigilado por Heimdallr (*véase* pág. 94). El Ginnungagap es el vacío al principio del mundo entre los reinos de fuego y hielo en los que emergió la vida por primera vez. Ahora es donde está situada la Caldera Hirviente.

ANIMALES SAGRADOS DEL YGGDRASIL

El árbol del mundo mantiene unidos a los nueve reinos, y varios animales sagrados tienen su hogar en sus ramas y raíces. Algunos de ellos atacan al árbol, mientras que otros proporcionan piezas esenciales del ecosistema mítico. Estos animales aparecen en los poemas escáldicos y las sagas y *eddas* épicas.

LAS AVES Y LA ARDILLA

Hay poca información en los textos conservados sobre las aves y las ardillas de Yggdrasil, aún así, se sabe que son importantes. Se dice que hay un águila que descansa en las ramas del árbol del mundo. Posado entre sus ojos hay un halcón llamado Veðrfölnir («blanqueado por el viento» o «marchitado por el viento»). El águila puede ser Hræsvelgr («traga cadáveres») disfrazado, un *jotunn* que guarda una de las puertas del cielo y adopta la forma de un águila, pero no está confirmado en el texto de los poemas eddicos en los que se la menciona.

Una ardilla llamada Ratatosk, que significa «diente perforador», corre de arriba abajo desde las ramas a las raíces del árbol. Le encanta cotillear y miente por diversión tanto a Nidhogg como al águila para hacer que se enfaden entre sí. Ratatosk es un símbolo importante en la enseñanza de las mitologías nórdicas. Simboliza cómo pueden cambiar las historias por la distancia y también en función de quién las cuente.

El tamaño de la ardilla y el hecho de que cause problemas con dos criaturas significativamente más grandes alude a un tema recurrente de la poesía nórdica: el pequeño puede derribar al poderoso si es listo y astuto.

No están necesariamente relacionados con el árbol, pero los cuervos son un símbolo clave de la mitología nórdica. Se les menciona a menudo en las *eddas* y son venerados por su inteligencia y su capacidad para transmitir mensajes. El propio Odín tiene como mensajeros a dos cuervos que hablan llamados Huginn y Muninn (cuyos nombres se traducen por «pensamiento» y «memoria»).

LOS CIERVOS Y LA CABRA

Las bestias con pezuñas también tienen su hogar en Yggdrasil. Las secciones de las *eddas* que hablan de las cabras y los ciervos a veces llaman a Yggdrasil «Lerad» (también *Læraðr* en nórdico antiguo o *Lærad*), que es el árbol que se asienta sobre el Valhalla. Parte del lenguaje utilizado parece indicar que estos dos árboles son el mismo.

Estas bestias con pezuñas también ocupan las ramas y las raíces del árbol del mundo. Hay cuatro ciervos que se comen las hojas y la corteza de Yggdrasil. Los ciervos eran símbolos poderosos alineados con lo masculino en la antigua mitología nórdica. Además, hay un tipo de criatura con pezuñas y cuernos, parecida al ciervo, que se encuentra sobre el Valhalla. Su nombre es Eikthyrnir (*Eikþyrnir* en nórdico antiguo) y se sienta en lo alto del árbol con una cabra mágica llamada Heidrun (*Heidrún* o *Heiðrún* en nórdico antiguo). Dicha criatura y la cabra comen hojas del árbol, y el agua que sale de sus cuernos desemboca en muchos ríos y también en el Hvergelmir, el manantial siempre agitado de Nifelheim.

La cabra mágica tiene cuatro ubres de las que mana el mejor hidromiel. Nutre a los guerreros del Valhalla cada noche después de la batalla.

LOS DRAGONES

Símbolo del caos y la destrucción, en la mitología nórdica se considera que los dragones son maliciosos y codiciosos: toman más de su entorno y de las personas que los rodean de lo que dan y, a menudo, tienen un final terrible a pesar de su tamaño y poder. En Yggdrasil viven tres dragones: Nidhogg, Jörmungandr y Fafnir.

Nidhogg (*Nídhögg* en nórdico antiguo; se puede traducir como «golpe maligno») es un gran *wyrm*, o dragón largo, con pequeñas alas, brazos y piernas, que también se conoce como «temible devorador de cadáveres». Vive en Helheim, en las raíces de Yggdrasil, y mastica las raíces del árbol y los cadáveres de los muertos, tratando de consumir los restos de vida de ambos. Habita en las montañas de Nidafjö. Cuando el Ragnarok sea inminente, volará desde la montaña. Es un símbolo de caos, muerte y problemas.

Jörmungandr es conocido como la serpiente de Midgard. Es hijo de Loki y la giganta Angrboda, y sus hermanos son Hel y Fenrir. Cuando Odín descubre a Jörmungandr y a sus hermanos, presiente que podrían ocasionar el fin de Asgard e intenta contenerlos. Odín envía a los océanos de Midgard a la Serpiente de Midgard. Es tan grande que rodea el disco plano de Midgard y reposa en las partes más profundas de los océanos. Es una serpiente que se come la cola, similar a los ouroboros en la antigua Grecia, y en los tiempos modernos se reconoce que lo es. Se describe a Jörmungandr con términos como serpiente, pero se le considera un dragón y a veces se le representa con brazos y piernas pequeños. Cuando llegue el Ragnarok, Jörmungandr abandonará los océanos e inundará Midgard antes de que él y Thor se maten entre sí.

Fafnir es único porque era un enano que se convirtió en dragón. Como enano, amaba tanto el oro y era tan codicioso que se transformó en un dragón para proteger su botín. Es asesinado por el héroe popular Sigurd, quien halaga a Fafnir hasta que tiene la oportunidad de acabar con él. El dragón Fafnir es otro ejemplo en la mitología nórdica de cómo la codicia comporta la ruina final de un individuo.

Los muertos que murieron honorablemente ocupan un lugar especial en el panteón nórdico. Dependiendo del texto que lea y del período de tiempo al que hacen referencia las fuentes, hay entre tres y seis lugares diferentes a los que pueden ir sus almas. Los espíritus de los muertos pueden ir a distintas vidas después de la muerte y, a menudo, en los mitos se les invocaba para responder preguntas. De los diversos más allá, se pueden encontrar muchos espíritus en:

FÓLKVANGR. Un campo de descanso para los guerreros, supervisado por Freyja. Aquellos que murieron honorablemente en la batalla podrían ser elegidos por Freyja para quedarse, y el resto iría al lado de Odín en Valhalla.

VALHALLA. El lugar de descanso final para aquellos que murieron como guerreros en una batalla, donde pasarían todos los días de su vida después de la muerte luchando contra otros guerreros honorables, y todas las noches dándose un festín con carne e hidromiel. Odín es quien controla este reino.

VÍÐBLÁINN. Una tercera vida pacífica después de la muerte que quizás solo sea accesible para las almas de los muertos después del crepúsculo de los dioses, el Ragnarok.

HEL/HELHEIM. Un lugar bajo las raíces de Yggdrasil donde descansarían aquellos que murieron por causas naturales, enfermedades y hambre. De ahí se deduce que esta puede haber sido la vida después de la muerte que se imaginaba para los pobres.

LA RED DE RÁN. Una giganta y esposa de Ægir (dios del mar) tiene una gran red que utiliza para recoger las almas de los marineros que se pierden en el mar. Algunos igualmente terminan en Helheim.

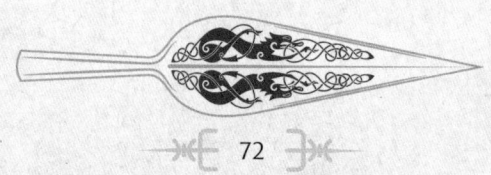

EL ENCANTAMIENTO DE LA VICTORIA: SIGRDRÍFUMÁL

Un encantamiento común utilizado por los practicantes modernos de la magia nórdica proviene de una sección de *La Edda poética* llamada Sigrdrífumál, o «portador de la victoria». Relata las hazañas del héroe Sigurd, que se propone encontrar a la valquiria Brynhildr después de matar a un dragón. Los dragones de hoy día pueden adoptar la forma de un proyecto muy difícil o de una persona o un obstáculo que se interpone en su camino. Matar a estos dragones requiere la misma dosis de tesón, coraje y suerte, y el Sigrdrífumál le ayudará.

Reúna una vela roja, un trozo de papel cortado en forma de cuadrado y un bolígrafo. Encienda la vela para la valentía y los movimientos audaces. Escriba las siguientes estrofas tantas veces como necesite para llenar el papel:

¡Salve el día!
¡Salve a los hijos del Día!
¡Salve la noche y a sus hijas!
Míranos con ojos bondadosos,
y concédenos la victoria.
¡Salve a los dioses,
Salve a las diosas,
y la Tierra abundante!
Concédenos sabiduría y palabras sabias
y manos curativas de por vida.

Doble las esquinas del papel hacia el centro, haciendo que sus puntas se toquen y creando un cuadrado. Repita este paso tres veces, hasta tener un cuadrado grueso. Derrame unas gotas de cera sobre el papel para sellarlo, luego permita que la vela se apague naturalmente sobre una superficie resistente al calor.

MONTAÑAS DE SKADI. Aquellos que morían en el desierto, ya fuera por ataques de animales o por exposición a la intemperie, podían ser reclamados por Skadi (la diosa de las tierras salvajes) en el más allá.

Al igual que el argumento que presenta Snorri Sturluson en *La Edda prosaica*, los ancestros a menudo son venerados en posiciones de poder espiritual después de su muerte. En las *eddas*, algunos ancestros honrados, especialmente aquellos de la realeza o influyentes para la humanidad, pueden convertirse en *alfar* (elfos, *véase* pág. 76) o *landvættir* (espíritus de la tierra, *véase* pág. 79).

Los antiguos nórdicos creían que los muertos continuaban con nosotros después de fallecer. Suplicaban a sus muertos que los ayudaran a cultivar o que respondieran a sus dudas e interrogantes con sus muchos años de sabiduría. En la práctica moderna, los ancestros brindan regalos y orientación si se los honra adecuadamente con hidromiel, miel, leche, o pan.

OTROS SERES Y ESPÍRITUS

Aparte de las facciones de los dioses, hay otros espíritus y seres míticos en el misticismo nórdico. Algunos se mencionan en las *eddas* y sagas, mientras que otros son espíritus cuya existencia no dejaba dudas a los primeros pueblos nórdicos, que interactuaban espiritualmente con ellos de manera sutil. Como en la Antigüedad, se les puede rezar, meditar sobre ellos u ofrecerles regalos para obtener su favor y sus consejos.

ENANOS

Los enanos se parecen mucho a los humanos y son extremadamente creativos y astutos. Viven en Nidivilir, entre las raíces de Yggdrasil, y son responsables de las posesiones más preciadas de los *aesir*. La mayoría de ellos son herreros, artesanos, fabricantes de armas y, de vez en cuando, ladrones y magos. Pueden ser temperamentales y seguramente no querrá tenerlos en contra. Se sienten más cómodos en la oscuridad y se convierten en piedra si los atrapa la luz del día.

Algunos mitos sobre su origen los vinculan estrechamente con la muerte, ya que los primeros enanos nacieron a partir del cuerpo podrido de Ymir. Su relación cercana con los muertos se debe a esta historia, pero también por su proximidad a Helheim. Algunos estudiosos piensan que los espíritus de ancestros muertos peligrosos o demasiado ambiciosos se pueden convertir en enanos en la vida después de la muerte. Como un guiño a la costumbre ancestral, los practicantes modernos del misticismo nórdico pueden hacer ofrendas de hidromiel, vino o cerveza a los enanos en su mesa de trabajo o superficie de fabricación artesanal para lograr así la inspiración.

TROLES

Los troles son criaturas mágicas que prefieren ir a su aire. Su nombre se traduce literalmente como «magia». El lenguaje utilizado para describirlos ha cambiado a lo largo del tiempo, pero hay algunos seres a los que los practicantes místicos modernos podrían referirse cuando usan este nombre. Algunas fuentes sugieren que un trol es simplemente el hostil y brusco *jotnar* que vive en el desierto practicando magia y que

no quiere que lo molesten. Esta versión evolucionó (de manera bastante cruel) hasta convertirse en los troles que imaginamos en el folklore hoy en día: criaturas grandes y fuertes, pero poco inteligentes, que quieren vivir solas en la naturaleza.

Otras representaciones de estos seres los describen más como magos míticos de cualquier origen o facción divinos. Algunos de ellos eran incluso humanos. La persona que practicaba *trolldom* (magia popular nórdica), era conocida como *trollcunning*.

ALFAR

Los impresionantes residentes de Alfheim son los *alfar*, también denominados «elfos de la luz y la oscuridad». Los primeros son tan brillantes y hermosos como el mismo sol. Los segundos son igual de hermosos, pero están bajo tierra y prefieren no salir a la luz. Además de su hogar en Alfheim, los *alfar* también viven en lugares naturales sagrados de Midgard que podrían estar cerca de cuerpos mágicos de agua, bosques vírgenes, círculos de hadas hechos de hongos en la hierba u otros espacios de belleza natural.

Son compulsivamente limpios, pero aman la belleza de la naturaleza virgen. Se dice que son expertos en magia, y alinearse con un espíritu santo *alfar* puede proporcionar un fuerte aliado mágico. Los ancestros honorables pueden unirse a sus filas y a menudo se les considera espíritus guardianes. Las tribus nórdicas honraban a sus ancestros masculinos que se convertían en alfar en la vida después de la muerte en Alfablot, la celebración de la cosecha generalmente en el equinoccio de otoño.

DISIR

La palabra «disir» (*dísir* en nórdico antiguo) engloba a muchos tipos de espíritus femeninos (y, en algunos casos, también diosas) que se adhieren a una persona o grupo de personas específico, como madres o guerreros caídos. Las *disir* se interesan activamente por el individuo al que siguen. Como muchas de las entidades que componen el misticismo nórdico, una *disir* puede ser benévola o malévola. La primera se manifestaría como suerte en el humano al que sigue. La segunda, al contrario, provocaría un aumento de la ansiedad o la depresión. Pueden proporcionar orientación y ayuda o bien desgracias, según la situación.

Un excelente ejemplo de *disir* son las nornas, que elegirían a una sola persona y jugarían con su destino a lo largo de su vida, y las valquirias, un grupo de diosas guerreras que cosecharían las almas de guerreros que murieron en la batalla. La creación y clasificación de las *disir* son un poco confusas debido al amplio grupo de entidades que abarcan. La diosa Freyja es una *disir* y, al mismo tiempo, un ancestro honorable que se convirtió en *disir* tras su muerte.

Los ancestros honrados que se convierten en *disir* al morir podrían seguir siendo un espíritu guardián maternal para un individuo o una familia. Algunas familias nórdicas las reverenciaban con regalos y ofrendas, particularmente si afirmaban ser descendientes hereditarios de una heroína o espíritu sobrenatural. Las tribus nórdicas honraban a sus *disir* en Disablot, un festival anual que se celebraba en algún momento entre el solsticio de invierno y el equinoccio de primavera.

NORNAS

La norna es una clase de *disir* más pequeña. Se trata de un espíritu femenino que teje el destino y está vinculado a un individuo, familia o grupo. Nacen en el mundo o bien aparecen cuando un honorable ancestro femenino se une a sus filas como espíritu. Algunas personas creen que cada humano tiene su propia norna personal que le guía en su destino. Estas nornas provienen de diferentes estirpes como las *jotnar*, las enanas, las élficas y demás. Se cree que dichas estirpes dictan la forma en la que un individuo interactúa con su destino. Las nornas enanas traen la desgracia y se las denomina «hijas de la hibernación». Se sienten atraídas por los humanos que dejan que la

vida les suceda en lugar de ser participantes activos en la misma.
Las nornas élficas suelen guiar a las almas desde la tierra de los vivos
hasta los salones inmortales de los antepasados. Del mismo modo,
las valquirias también son una clase de norna que se une a guerreros
destinados a la gloria.

En las tradiciones en las que las nornas están más extendidas, se
dice que están presentes con los humanos al menos dos veces en sus
vidas: el día que nacen y el día que mueren. A veces, todavía se dejan
las denominadas «gachas de norna» en la sala de partos como regalo
para las nornas con la esperanza de que otorguen suerte y prosperidad
a la vida del recién nacido. Esto se refleja en el antiguo cuento popular
de *La bella durmiente*, en el que algunas nornas otorgan dones, pero no
todas. El cuento tiene sus raíces en una de las primeras sagas islan-
desas llamada «La historia de Norna-Gest» del año 1300 e. c., donde una
norna despreciada maldice al niño con la inmortalidad en respuesta a
un desaire en una fiesta. Las nornas espirituales comunes son un poco
diferentes al trío de nornas deificadas de las diosas del destino.

FYLGJA

Una *fylgja* es un espíritu animal que ayuda a guiar la fortuna de un
individuo y a descubrir la mejor forma de moldear su futuro. Los espíritus *fylgja* de la suerte a veces siguen a una familia durante generaciones, desde padres a hijos, para ayudar a que el grupo siga siendo fuerte
y afortunado. Si no se transmite de padres a hijos, a menudo tomará la
forma del primer animal que la partera vea tras el nacimiento del bebé,

o de un animal con el que el niño desarrolle un vínculo fuerte. Su *fylgja* es una compañera constante y, a menudo, habitará sus sueños para orientarle sobre la mejor manera de moldear su destino.

LANDVÆTTIR

Un *landvættir* («espíritu de la tierra») es la sensación de asombro o paz que nota al entrar en una cañada natural en el bosque. Reside principalmente en lugares salvajes y se adhiere por sí mismo a un árbol específico o elemento fijo en el medio ambiente. Protege el mundo natural de los humanos, por lo que cuando la naturaleza contraataca debido a la avaricia de la humanidad, casi seguro que un *landvættir* tuvo algo que ver en esa represalia.

La creencia en espíritus terrenales era importante para la sociedad nórdica porque animaba a los individuos a tratar su entorno natural como algo más que un recurso en bruto. Esto puede aplicarse también a prácticas paganas nórdicas de hoy. Al pensar que un recurso natural o un espacio salvaje tiene un espíritu, convertimos a esa tierra en una persona en nuestros corazones y mentes.

Ciertas zonas de Islandia todavía creen en los *landvættir*. Hasta tal punto que las áreas establecidas como propiedad personal de un islandés permanecerán desatendidas y salvajes para los espíritus, y se advierte a los niños que no entren en el dominio del *landvættir*. Si el niño lo hace, se espera que primero pida permiso y trate el área con respeto. Algunos *landvættir* fueron en su día nuestros venerados antepasados, sobre todo si cuidaron de un lugar específico del medio ambiente en su vida. La tierra da la bienvenida a quienes la tratan con reverencia.

Junto a las runas, hay muchas ilustraciones y símbolos que sintetizan claramente las ideas y filosofías del misticismo y la mitología nórdicos. Esto no significa en absoluto que se trate de una lista exhaustiva de símbolos. Algunos son solamente elementos visuales y acompañan tradiciones orales, mientras que otros hacen referencia a símbolos de la antigua épica nórdica. Incluso una breve comprensión de estos no solo hará que ahonde en la cultura nórdica en su conjunto, sino que también puede enriquecer su propia práctica mágica.

 **YGGDRASIL.** Yggdrasil, o el árbol del mundo, es lo que mantiene unidos a los nueve reinos. Las criaturas se deslizan entre sus ramas y se alimentan de sus raíces. Es un árbol sagrado que simboliza la conexión entre la vida y la muerte.

 **MJOLNIR.** Uno podría pensar que el martillo de Thor, Mjolnir, es un símbolo de poder y fuerza bruta. Sin embargo, lo que hace es atraer bendiciones y conceder protección. Thor era el protector clave de los *aesir* y ocurre lo mismo con este símbolo.

 **CRUZ TROL.** Este símbolo sueco alejará el mal o los espíritus malévolos, ya que evita que hagan travesuras cerca de una persona que lo tenga colgado en su casa o lo lleve encima como amuleto. Generalmente es una pieza de metal doblada.

 **OUROBOROS.** Los Ouroboros son imágenes donde una serpiente se come su propia cola. Estos símbolos tienen su origen en la antigua Grecia. Sin embargo, Jörmungandr, la serpiente nórdica de Midgard, cuenta como un ouroboros. Este símbolo se alinea con la antigua reverencia nórdica por los ciclos y su creencia de que cada final es también un comienzo.

 **ABEJA.** Las abejas eran uno de los animales estrechamente asociados con las valquirias y las nornas en los mitos nórdicos. Las abejas y las valquirias se llamaban *sigewif* en anglosajón (literalmente significa «enjambre de abejas»), y Snorri escribió que las abejas elaboran su miel a partir de las aguas del pozo de Urdr.

Las abejas aparecieron así en el arte nórdico y en el ajuar funerario como símbolo de las valquirias.

CRUZ SOLAR. También conocida como «rueda solar», es un símbolo prehistórico que se alinea con el antiguo culto al sol. El artefacto de la Edad de Bronce nórdica del carro solar de Trundholm muestra el carro de Sól transportando al sol a través del cielo y tiene cruces solares como ruedas (*véase* pág. 107).

CORAZÓN DE HRUNGER. A veces apropiado indebidamente como *valknut*, este corazón es el símbolo formado por tres triángulos entrelazados (aunque el término en sí sea bastante nuevo) que aparece en los antiguos barcos nórdicos y en los templos. Hrunger fue uno de los muchos gigantes que Thor mató y se decía que tenía un corazón de tres puntas. Este símbolo representa el número nueve debido a los nueve puntos triangulares que muestra. Cuando se le confunde con el *valknut*, a menudo simboliza la devoción a Odín.

NÚMERO 9. El número nueve aparece mucho en el misticismo nórdico y se considera sagrado o santo. Nueve reinos. Nueve casas de los dioses en Asgard. Nueve pasos para Thor antes de caer en el Ragnarok. Fiestas que duran nueve días. Los poderes específicos del número nueve son vastos y misteriosos.

ÆGISHJÁLMRM. Conocido como «hechizo del terror», este símbolo se dibujaba en la frente (generalmente con un fluido corporal como la saliva) para ayudar a inspirar coraje y ofrecer protección. Su ubicación entre las cejas servía como recordatorio y punto focal del poder interno, particularmente para las mujeres.

VEGVÍSIR. También conocido como «brújula vikinga» o «brújula nórdica», este símbolo orienta a las personas que lo utilizan. Su objetivo es mantenerlas en el camino y evitar que pierdan el rumbo, sea cual sea.

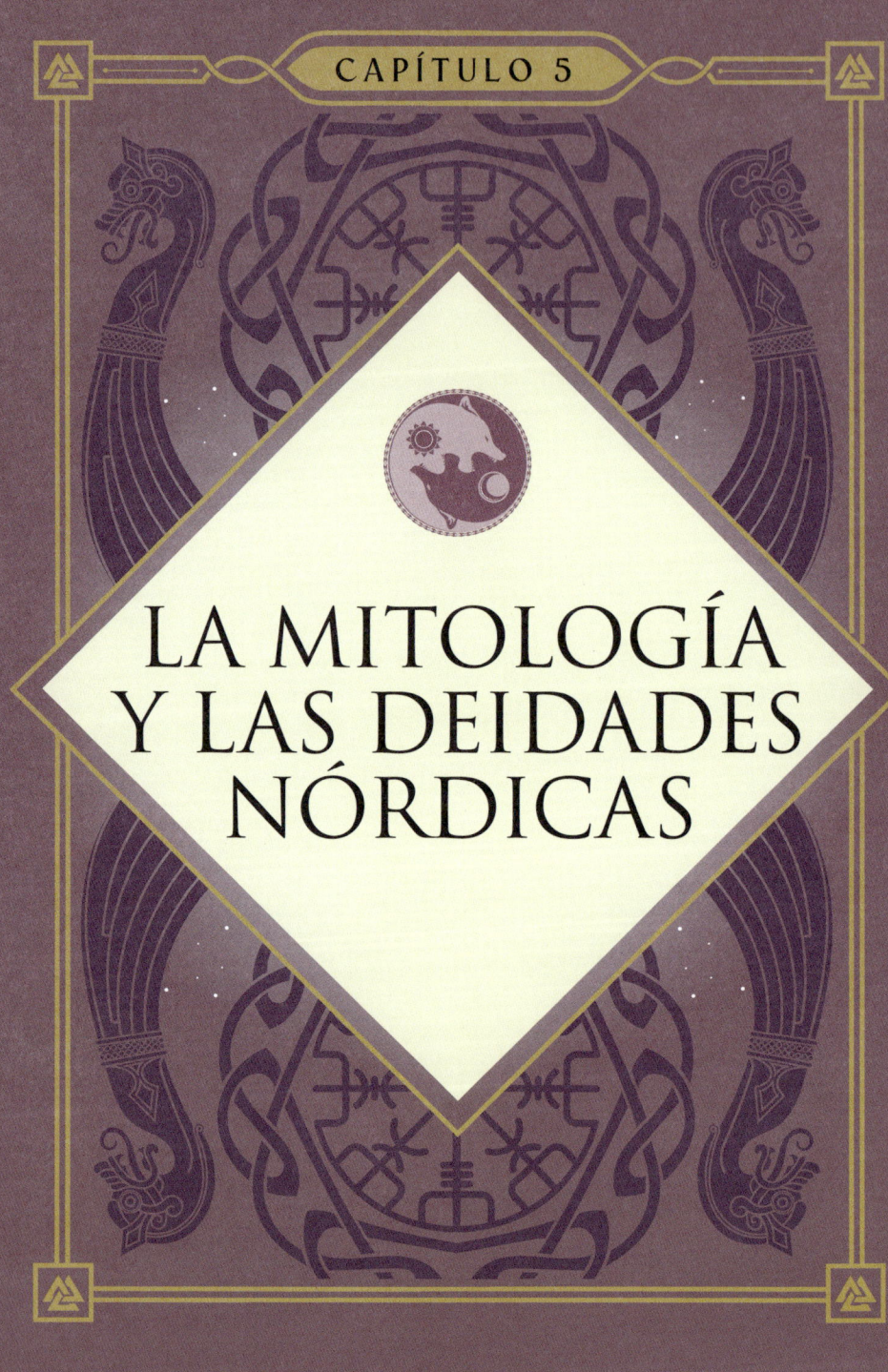

CAPÍTULO 5

LA MITOLOGÍA Y LAS DEIDADES NÓRDICAS

El propósito inherente de toda mitología es inspirar sobrecogimiento y asombro y originar introspección. Son acertijos destinados a enseñarnos a pensar por nosotros mismos. La mitología nórdica hace eso, en algunos aspectos, pero las historias y los personajes que presenta a veces viven con un abandono realmente salvaje e imprudente. El comportamiento de las deidades no suele ser de naturaleza moralista, sino que sus acciones fueron diseñadas para ayudar a los lectores a comprender cómo llevar una vida plena. Lo divino y su mitología también exponen defectos y luchas que pueden ayudarnos a comprender la experiencia humana. Los mitos muestran ejemplos de patrones de comportamiento y dinámicas entre personalidades. De esta forma, nos enseñan la aceptación, el aprendizaje tras las locuras dolorosas y distintas formas de alcanzar el crecimiento y el éxito. Los dioses y las diosas de mitología nórdica no existen para ser modelos de moralidad, sino más bien para enseñar e instruir a las personas que los adoran a través de sus victorias y derrotas. Estos modelos divinos muestran cómo nuestros defectos y luchas pueden ayudarnos a desarrollar todo nuestro potencial. Los dioses también ayudan a representar diferentes patrones de comportamiento y dinámica entre personalidades, de modo que las personas que los adoran pueden hacer hipótesis fundamentadas sobre cómo se desarrollarán las situaciones en su vida real. Así, nos enseñan a aceptar las cosas, a aprender de las locuras dolorosas y a luchar por el crecimiento y el éxito.

LOS DIOSES

Cuando nos referimos a dioses en mitología nórdica, estamos hablando de las tres facciones mencionadas anteriormente: *aesir, vanir* y *jotnar*. En general, cuando alguien piensa en la mitología nórdica, se imagina principalmente los *aesir*, ya que estaban constantemente enfrascados en una batalla de algún tipo y causando travesuras. Además, los tres dioses más conocidos, Odín, Thor y Loki, se consideran *aesir*.

Los dioses nórdicos que cubriremos en este apartado son Odín, Thor, Loki, Týr, Freyr, Manni y Heimdallr. En este libro se mencionan otros dioses y figuras divinas, pero estos son los personajes de mitología nórdica más destacados. Además, si bien Odín, Thor y Loki eran ampliamente conocidos, solo hay registros históricos de los templos construidos para Odín, Thor, Freyr y Týr.

ODÍN

Óðinn (en nórdico antiguo), *Wodan* (en sajón antiguo), *Wuotan* (en alto alemán antiguo) y *Woden* (en inglés antiguo)

Odín es el Padre de todos (*Alfödr* en nórdico antiguo) y es considerado el jefe del panteón nórdico. Él es el que es muchos, el Señor de los *aesir*, el Padre del Hombre, el Dios Colgado, y muchos otros nombres (unos 150, de hecho). En protogermánico, una lengua anterior a las primeras lenguas nórdicas, también fue llamado «Líder de los Poseídos», una versión temprana curiosa para el prolífico Señor de los dioses.

A menudo se le representa como a un anciano de cabello blanco o gris y barba canosa, tuerto del ojo izquierdo que lleva cubierto con un parche o con un sombrero de ala ancha con puntas. Es mayor que los demás dioses a pesar de las manzanas de Idunn, que mantienen jóvenes a los dioses (*véase* pág. 105) porque la edad avanzada es una recompensa por el trabajo duro y los sacrificios realizados en la juventud. Es uno de los dioses dotados del poder de cambiar de forma y lo hace con frecuencia mientras adopta nuevos nombres.

Odín es también el dios de la poesía, la guerra, la muerte, la sabiduría y el éxtasis. Además de su papel como líder de los *aesir* en Asgard, también gobierna los salones del Valhalla. Como parte de su papel como dios de la muerte, también es un psicopompo, palabra que hace referencia a cualquier deidad que guía las almas de los muertos hasta su lugar de descanso final.

La sabiduría y búsqueda de nuevos conocimientos son motivadores clave para Odín en sus aventuras míticas. Tanto es así que dio su propio ojo como pago para beber del pozo de sabiduría de Mimir y se colgó de Yggdrasil durante nueve días para aprender los caminos de la magia y las runas. Es inmensamente inteligente, aunque nunca se le ha considerado tan inteligente como al notable bromista Loki. Además de su hermano de sangre Loki, Odín tiene otros dos hermanos, Vili y Ve, que no aparecen demasiado en los textos supervivientes aparte de por su participación en el mito de la creación. Está casado con Frigga, la diosa del hogar (*véase* pág. 100).

En su salón y en Asgard, encontraríamos muchos símbolos de Odín. Está su trono, Hlidskhalf. Cualquiera que se siente en él puede observar la totalidad de los nueve reinos. También veremos su lanza, Gungnir,

que siempre da en el blanco. Tiene un anillo de oro, Draupnir (traducido libremente del nórdico antiguo como «el gotero»), del que gotean ocho anillos con su imagen exacta cada nueve días. A menudo se le ve con dos cuervos parlantes, Hugninn y Muninn (que significan «pensamiento» y «memoria», respectivamente), que son sus mensajeros. Odín y sus cuervos simbolizan la conexión entre tus pensamientos y tu memoria al trabajar la magia de *seiðr* en un trance.

Cuando Odín va a la batalla, lo hace montado en Sleipnir, un corcel de ocho patas que es un regalo de Loki y, al mismo tiempo, hijo de Loki. Dos lobos, Geri (el codicioso) y Freki (el voraz) lo siguen ferozmente a la batalla a pesar de que probablemente sean los hijos del lobo Fenrir, que devora entero a Odín en el Ragnarok.

Aunque no surgió de la nada (tiene padre, y otros vinieron antes de él), Odín es llamado el Padre de Todos porque es el padre de toda la humanidad por el papel que jugó en la creación de Ask y Embla. Además, su creación de Midgard y el hecho de ser el padre del primero de los *aesir* (su hijo Thor) reafirman este apodo. Odín es un patriarca sabio y tiene una energía cordial para quienes hacen magia con él.

En la práctica mística nórdica de hoy, el hidromiel y la carne son ofrendas tradicionales para muchos de los *aesir*. Orar a Odín es una excelente manera de conectarse con una energía masculina calman-

Antes de la importación de la astrología occidental con la que la mayoría de nosotros estamos familiarizados, los nórdicos tenían sus propios nombres para las estrellas, ligados a los mitos de los dioses. Por ejemplo, la Corona del Norte, la Corona Boreal, se llamaba Dedo de Aurvandil, en honor a un mito en el que Thor le cortó el dedo al gigante y lo arrojó al cielo.

te pero fuerte. Invoca la sabiduría de Odín cuando le cueste resolver acertijos difíciles y se entretendrá con usted. Aunque las águilas y los cuervos tengan fuertes vínculos con el Padre de Todo, comprar sus plumas en los Estados Unidos se considera un delito grave. En lugar de comprarlas para dejárselas como regalo, recoja las que encuentre en sus viajes y déjelas en su altar. El nombre Odín puede verse en inglés moderno como *Wednesday* (miércoles), y los rituales para honrarlo o contactarlo se realizan mejor en este día.

THOR

Þórr (nórdico antiguo), *Thunær* (sajón antiguo), *Donar* (alto alemán antiguo) y *Þunor* (inglés antiguo)

El dios pelirrojo, protector de los *aesir* y amigo del hombre, Thor es hijo de Odín y otra de las deidades más conocidas del panteón nórdico. Con una barba roja y poblada y una voz que retumba como un trueno, no es difícil imaginar por qué.

Thor es el dios del trueno, la fuerza, los relámpagos, los fuertes vientos y las lluvias torrenciales. Es el más fuerte de los dioses, y probablemente el más tonto. A pesar de su naturaleza audaz y furiosa y su fuerza inconmensurable, se toma muy en serio su papel de protector de los dioses y también es un símbolo de seguridad y protección.

A Thor le encanta comer y muchas veces puede consumir varios pescados y bueyes enteros, y no hay nadie que pueda beber más que él. Rara vez emprende sus aventuras solo, y cuando lo hace, suele ser para matar gigantes, troles u ogros. Sus frecuentes compañeros de viaje son Loki, que será el cerebro de su fuerza física, y Thjalfi, un humano cuya cercanía al dios del trueno significa la estrecha relación de Thor con los humanos.

Es el primogénito de los *aesir*. Su padre es Odín y su madre es una *jotunn* llamada Jörð que es la encarnación literal de la tierra. Vive en el reino de Thrúdvangar (que se traduce aproximadamente como «de repente iluminado») en un salón llamado Bilskírnir en Asgard. Vive con su esposa, Sif, y sus tres hijos, Magni, Móði y Thrud, cuyos nombres significan «fuerte», «valiente» o «enojado» y «poderosa», respectivamente.

En la actualidad, el hidromiel y la carne son ofrendas tradicionales para muchos de los *aesir*, y lo es aún más para el dios del trueno. Canalizar a Thor a través de la meditación o el ejercicio físico y trabajar con su esencia a través de ofrendas simbólicas puede brindar fuerza para la protección del practicante. Realizar cualquier acto de ejercicio o lanzarse de cabeza a una aventura potencialmente alocada hará que el espíritu de Thor camine a su lado. En inglés moderno, su nombre aparece en *Thursday* (jueves), y los rituales para honrarlo o contactarlo se realizan mejor en este día.

LOKI

El Dios Tramposo, el Travieso, el Dios Atado, el Adversario de los dioses, el Dios Astuto, el Padre de Monstruos, el Hijo de Laufey; también llamado *Loptr* («aireado») y *Hveðrungr* («rugiente») en partes de *La Edda poética*

Un dios tramposo, una pesadilla y una bendición a la vez para los *aesir*, Loki es tan molesto como hermoso (extremadamente, en ambos casos). Aunque tenga linaje *jotunn*, se le considera uno de los *aesir* porque es el hermano de sangre jurado de Odín. Esto significa que fueron criados juntos y juraron un voto inquebrantable de que siempre tendrían un asiento en la mesa del otro y que nunca se harían daño. Odín hizo esto porque pensó que tener al agente de la discordia cerca mantendría a Loki alejado de los problemas y le impediría causárselos a los *aesir*. No hizo ninguna de las dos cosas, pero los problemas de Loki a menudo hacían que los *aesir* adquirieran algo valioso. Lo llaman «hermano de sangre» y es un metamorfo al que le encanta adoptar la forma de humanos, dioses y animales masculinos y femeninos. Utiliza esta habilidad para ayudar a los otros *aesir* y para engañarlos.

El resto de los *aesir* asumen que es culpa de Loki cuando algo sale mal, y normalmente tienen razón. Las bromas que hace a menudo parecen una mera travesura, pero con frecuencia su objetivo es mostrar que el crecimiento y las nuevas oportunidades provienen de la incomodidad y las malas circunstancias. Es travieso y desvergonzado y resulta difícil llevarse bien con él, pero Loki compensa estos defectos con su astucia. Suele ser la razón por la que los *aesir* tienen sus mejores objetos (el muro alrededor del Asgard, el Martillo de Thor Mjolnir, el anillo de Odín Draupnir, y muchos más). Con frecuencia estos elementos se adquieren como efecto secundario de su intento de salvar su propio pellejo. No le importa lo que le pase a él ni a los demás *aesir* mientras él sobreviva.

Loki vive en Asgard con su esposa *aesir*, Sigyn, y sus dos hijos Narfi y Vali. También tuvo una segunda esposa *jotunn*, Angrboda (que significa «pena» o «arrepentimiento») que fue madre de tres de los precursores clave del Ragnarok: Fenrir, el lobo que se traga entero a Odín; Jörmungandr, la serpiente de Midgard, que mata a Thor; y Hel, la gobernante de Helheim y diosa de la muerte que lidera un ejército de muertos vivientes para derrocar a los *aesir*.

Si bien es una figura clave en muchos de los poemas de las *eddas*, hay muy poca evidencia arqueológica de Loki. No había culto al padre de los monstruos, ningún lugar lleva su nombre y es probable que, a pesar de su naturaleza problemática, los primeros nórdicos no pensaran que fuera a robar a sus hijos ni nada por el estilo.

Las acciones de Loki son las que impulsan la narrativa de los mitos. Él simboliza el poder de una mente aguda, la aceptación radical y la fuerza impulsora detrás del cambio.

El portador del cambio y el renacimiento a través de las dificultades, hay muchas formas de trabajar con el dios de la travesura en la práctica del misticismo moderno. Más que los otros dioses, Loki experimenta dolor, y, como tal, puede ser un poderoso aliado cuando esté pasando por experiencias incómodas. Ofrézcale ofrendas dulces como pasteles y frutas para ayudar a endulzar las experiencias amargas, o alimentos picantes para darle vida a su vida en el nombre del caos. Las redes y los nudos mágicos son símbolos fuertes para Loki, especialmente cuando los nudos pueden significar despejar un camino o bloquear su vida.

Cuando se encuentre estancado o atascado, entierre una moneda junto a un río para pedirle a Loki que le ayude a encontrar una salida. Cuéntele a Loki duras verdades y déjele beber vino tinto para que le guarde los secretos. Las ofrendas de artículos encontrados, como piel de serpiente desprendida, cáscaras de capullos y plumas, pueden simbolizar la reverencia por su adaptabilidad como metamorfo.

TÝR

Týr (nórdico antiguo), *Ziu* (alto alemán antiguo), *Tiw* (inglés antiguo) que proviene de *Tiwaz* (protogermánico, significa «dios»)

Probablemente la deidad más antigua del panteón nórdico, Týr es el dios del cielo protogermánico convertido en dios de la justicia en mitología nórdica. Es un dios guerrero con fuertes principios que preside la ley, la democracia y la equidad. Como tal, es uno de los más honestos de los *aesir*. En la mitología, Týr simboliza la importancia de apegarse a tus principios y a la naturaleza de las decisiones difíciles.

Una de las historias más destacadas de la mitología es cuando él y Thor regresan de Jotunheim con los monstruosos hijos de Loki. Durante todo el viaje de regreso, habla con calma, cuida y cría a Fenrir, el cachorro de lobo, como padre adoptivo. A medida que Fenrir crece hasta alcanzar un tamaño monstruoso, todos los demás dioses, incluidos Odín y Thor, lo temen o lo ven como una amenaza. Cuando los *aesir* intentan engañar a Fenrir para que acepte ser contenido jugando con

Las constelaciones Osa Mayor y Osa Menor se llamaban «Carro del Hombre» y «Carro de la Mujer» respectivamente, aunque las deidades a las que representaban se hayan perdido en el tiempo. Es probable que se tratara de Freyr y Freyja.

su orgullo, él no confía en su promesa de que lo liberarán si no puede romper todas sus ataduras. Fenrir solo aceptará hacerlo si uno de los dioses le pone la mano a la boca y Týr acepta meter la que usa para empuñar la espada. Como Fenrir confía en Týr, acepta. Cuando los demás *aesir* incumplen su promesa, Týr se resigna a perder la mano. Por este motivo, a veces se le llama el «Dios de una sola mano».

Týr es querido por su honestidad, fuerza y valentía. Aunque sea un dios de la guerra, no tiene sed de sangre ni anhela la violencia por la violencia. Se confiaba en él para redactar tratados equitativos e imparciales para ambas partes del conflicto.

La energía de Týr es comprensiva, poderosa y, a menudo, representa decisiones difíciles, lecciones potentes, consentimiento y el coste de sacrificarse por los propios principios. Sus símbolos son lobos, espadas y escamas. Récele para conseguir buenos consejos y asesoramiento legal. La runa Tiwaz es un símbolo ligado a esta deidad y puede usarla en los rituales que le dedique. Márquese la ropa con Tiwaz para llevar la protección legal de Týr. Invoque su nombre dos veces antes de entrar en situaciones en las que crea que merece justicia. Su nombre puede verse en inglés moderno en *Tuesday* (martes), y los rituales para honrarlo o contactarlo se realizan mejor en este día.

FREYR

Freyr (nórdico antiguo, «señor»), también llamado *Ingunar-Frey* o *Fricco* en Suecia, *Frea* (inglés antiguo) y *Fro* (alto alemán antiguo)

Freyr es un dios de la fertilidad que trae prosperidad y abundancia a los cultivos. Ordena lluvia y sol para promover la vida vegetal en todas las estaciones. Vive en Asgard y gobierna Alfheim, pero, en realidad, es un *vanir* y fue traspasado a los *aesir* como parte de la tregua después de la guerra *aesir-vanir* (*véase* pág. 62). Se trata de un gran luchador y un cuidador excelente, así como un símbolo del deseo y la fertilidad masculinos.

Freyr es el hermano gemelo de Freyja (*véase* pág. 97 para obtener más información sobre ella). Tiene un barco llamado Skidbladnir (que puede guardarse en el bolsillo) capaz de albergar a todos los *aesir*, y siempre tiene vientos favorables cuando lo moviliza. Un jabalí dorado llamado Gullinbursti, que puede correr rápidamente por el aire y el agua, tira de su carro. Un luchador prolífico (una vez mató a un gigante con solo una cornamenta), Freyr aparece en el folclore principalmente como un dios enamorado que suspira por su futura esposa. Él intercambia su espada mágica que puede luchar por sí sola con su sirviente a cambio de negociar un matrimonio entre él y una *jotunn* llamada Gerðr (anglicanizado como *Gerd*). Sin su espada, es asesinado en el Ragnarok en su pelea con Surtr, el líder de las fuerzas de Muspelheim, pero el nuevo crecimiento que ocurre después de que el mundo es quemado por su vencedor se atribuye a los poderes de fertilidad de Freyr.

Empático y lleno de amor, la energía de Freyr es la del tierno amor romántico, y la masculinidad tranquila y no tóxica. Como practicante moderno, deje ofrendas de plantas frescas o astas en su altar para ganarse su favor, algo que no es difícil de conseguir. Le encantan los nuevos proyectos y seguir los deseos del corazón, así que manténgalo en su corazón cuando siga sus sueños.

El Bifrost se describe a menudo como un puente arcoíris, pero en algunas traducciones se señala que es más bien una carretera resplandeciente y llena de colores. Teniendo en cuenta que se dice que la casa de Heimdallr es un asiento en el cielo, algunas interpretaciones creen que el Bifrost es en realidad la Vía Láctea, fácil de ver cerca del Círculo Polar Ártico durante aproximadamente la mitad del año. En algunas culturas, la Vía Láctea también es considerada el camino de los muertos.

HEIMDALLR

Heimdallr (nórdico antiguo), también llamado *Gullintanni* («dientes de oro»), *Vindlér* («vientos marinos») y *Heimdall* (anglicanizado)

Si Thor es el protector de los dioses, Heimdallr es el guardián de estos, lo que significa que Heimdallr es responsable de mantener alejadas la mayor cantidad de amenazas posible y Thor es la última línea de defensa. A veces llamado el Dios Blanco por razones que no están claras, se dice que Heimdallr tiene dientes de oro y es conocido por tener siempre su espada a mano. Su símbolo es el carnero porque parte de su nombre en el antiguo nórdico se traduce por el nombre de este animal.

Es el guardián del Bifrost, el brillante puente arcoíris entre mundos, y es visto como una figura límite en la mitología nórdica. Hay otro mito donde se llama Rig y explica la importancia del orden social y el sistema de castas. Otros dioses acuden a él en busca de consejo debido a su sabiduría, ya que tiene poderes de percepción excepcionales. Los textos supervivientes también sugieren que Heimdallr podría haberle dado una de sus orejas al pozo de Mimir como pago para oír así de bien. Rara vez necesita dormir, puede ver perfectamente en la oscuridad y puede oír cómo crece la hierba en la tierra o la lana en una oveja.

Heimdallr nace de nueve madres solteras, potencialmente las nueve olas que son las hijas de Ran (*véase* pág. 106 para obtener más información). Vive en Himinbjörg (que se traduce aproximadamente como «montaña del cielo» en nórdico antiguo). Tiene una trompeta llamada Gjallarhorn («cuerno que grita» en nórdico antiguo) que se puede escuchar en todos los nueve reinos cuando se toca. Sólo volará una vez en Ragnarok, donde montará su corcel de crin dorada, llamado Gullfaxi, en la batalla.

Heimdallr comprende la importancia de los límites y es el más perspicaz de los dioses. Si tiene que encontrar algo que se ha perdido, descubrir una verdad oculta, o ver una situación con claridad, deje ofrendas de lana, potencialmente en forma de un lazo hecho de hilo, a Heimdallr, escondidas en barreras como muros de piedra o cercas. Heimdallr también es una gran deidad para vincularse cuando se aprende a establecer límites. Si es una persona complaciente con los demás y ahora se ha reformado y busca ayuda para defender el espacio que necesita para usted, entone un cántico con el nombre de Heimdallr para la fuerza mientras enciende una vela para él durante la luna en cuarto creciente.

MÁNI

El Encerador, El Menguante, El Contador de Años, El Resplandeciente,
el Niño de la Noche

Máni y su hermana Sól (*véase* pág. 106) son antiguas deidades de la luna y el sol. No está claro según los materiales sobrevivientes si Máni era adorado antes de los dioses nórdicos o si fue agregado al panteón más tarde, pero se menciona en *La Edda poética*. Se dice que los dioses lo pusieron en el cielo para contar el paso de los días para los hombres. Esto se debe a que controla las fases crecientes y menguantes de la luna, una forma importante para los antiguos pueblos nórdicos de realizar un seguimiento del tiempo. Debido a que los ciclos lunares también eran importantes para determinar las fechas de ciertos festivales paganos, se le asocia fuertemente con la brujería y el *seiðr*.

Hati el lobo persigue a Máni por el cielo todos los días. Y él no parece tan perturbado por este hecho como su hermana. El lobo lo atrapará en el Ragnarok y la luna se oscurecerá en el cielo.

Invocar el nombre de Máni durante los hechizos de magia lunar aumentará su poder. Como guardián del tiempo, le agradará realizar encantamientos durante varios días. Si no tiene tiempo, deje ofrendas brillantes o relucientes para él (especialmente monedas de plata) en su altar. Su nombre puede verse en inglés moderno como *Monday* (lunes), y los rituales para honrarlo o contactarlo se realizan mejor en este día.

Muchas divinidades nórdicas fueron nombradas haciendo una referencia directa a su dominio. Por ejemplo, la diosa Sjöfn convertía los pensamientos ociosos de hombres y mujeres en pensamientos de amor y afecto. La palabra nórdica antigua *sjafni* se traduce libremente como «amor, anhelo y afecto». Algunos escaldos pueden haber usado Los dioses y las diosas con nombres como estos para personificar ideas.

DIOSAS

Hoy en día, se utiliza *aesir* para describir a toda la facción de los dioses y las diosas en mitología nórdica. Sin embargo, antes hacía referencia a los dioses masculinos de Asgard, mientras que *asynuir* eran las diosas femeninas. Hoy en día, usamos *asynuir* para referirnos a las altas diosas o aquellas que estaban en el círculo íntimo de Frigg.

Las diosas nórdicas que veremos en este apartado son Frigg, Freyja, Skadi, Hel, Idunn, Ran, Sól y las nornas (Urdr, Verdhandi y Skuld). Hay muchas más diosas importantes que fueron veneradas por diversas razones, pero estas son un buen punto de partida. Algunas de estas deidades tenían sus propios templos y otras eran simplemente personajes de mitos y folklore en lugar de deidades adoradas adecuadamente.

FREYJA

Freyja (significa «señora» en nórdico antiguo), *Freya* (anglicanizado), *Frūa* (sajón antiguo), *Frouwa* (alto alemán antiguo), *Frija* (protogermánico)

Diosa de la pasión, el amor, la batalla, la muerte, la fertilidad y la magia, es una de las deidades más accesibles del panteón nórdico. Freyja se traduce literalmente como «señora» (igual que su hermano gemelo Freyr [señor], *véase* pág. 92). Su nombre, papel y popularidad han generado debates sobre si ella y Frigga (la esposa de Odín y la reina de

los dioses) comenzaron como la misma diosa en el panteón germánico. Sin embargo, varios de los textos nórdicos supervivientes los mencionan como personajes claramente diferentes y con responsabilidades sutilmente distintas.

Un espíritu libre misterioso e increíblemente hermoso, Freyja es una diosa de muchos enigmas y era adorada en antiguos cultos nórdicos. Podría ser la hechicera conocida como Gullveig que estuvo involucrada en la guerra *aesir-vanir* en el poema Voluspa (*véase* pág. 111). Se la conoce como Gefn en «Gylfaginning», que significa «dar» y Syr, que significa «sembrar». Ella es de los *vanir* (no los *aesir*) y se la suele invocar como «vanadis», que se traduce libremente como «reina de los *vanir*».

Freyja tiene fuertes vínculos con la magia espiritual de *seiðr* (*véase* pág. 28) y enseña lo que sabe a Odín. Es la reina de las valquirias y también una psicopompo que guía a las almas que elige de los guerreros caídos y las lleva a Fólkvangr, una subárea de Valhalla que ella gobierna. Es la primera en elegir la mitad de las almas guerreras dignas, por lo que es probable que sus guerreros sean más astutos y precisos que los de Odín.

A diferencia de la fertilidad de Frigga (que se centra en la maternidad y la familia), la de Freyja está conectada al ciclo de la vida y la muerte, que la nueva vida solo puede venir de campos viejos y fértiles.

EL BAÑO DE BELLEZA DE FREYJA

Cuando sufra de estrés, tristeza o baja autoestima, este baño limpiador que se inspira en la confianza y los fuertes límites de Freyja puede hacer maravillas.

Primero, reúna hierbas para el baño. Puede utilizar cualquier planta que considere sagrada o especial para usted, siempre y cuando no provoque irritación cutánea. Aquí tiene algunas recomendaciones fáciles de conseguir y seguras para la piel:

Pétalos de rosa para el amor propio

Romero para la purificación

Perejil o perifollo para la protección

Bayas de enebro para despejar la mente

Tomillo para los límites

Piel de pomelo para la alegría

Una vez que haya reunido las hierbas, póngalas al fuego en una olla pequeña con agua y déjelas hervir. Cueza a fuego lento durante unos cinco minutos para hacer una infusión. Retire del fuego y deje enfriar. Prepárese un baño. Mientras se llena la bañera, agregue un puñado de sal en el agua y remueva, luego, cuele la infusión de hierbas en el baño. Recite lo siguiente:

Agua que mana de los pozos sagrados. Sal, que proviene del cuerpo de la tierra. Plantas que crecen de la corteza de Yggdrasil. Freyja, que brilla como la luz del sol, escucha mi llamada. Que mi corazón dolorido encuentre de nuevo el amor, la alegría y la valentía. Lava mis penas y miedos, así como el mar lava las piedras.

Tómese su tiempo para sumergirse y relajarse en el baño, visualizando que sus preocupaciones se disuelven y su energía regresa. Cuando haya terminado, dé las gracias a los espíritus y deseche los restos de materia vegetal en el abono o la basura. Deje a Freyja una ofrenda de una manzana o una copa de vino como muestra de agradecimiento. Deseche el vino en eu jardín, en un cruce de caminos o como lo haría normalmente.

Amante de las cosas buenas, Freyja ama el oro y llora lágrimas de ámbar. Un símbolo clave de esta diosa es el fino collar de oro llamado Brísingamen, engastado con gemas que brillan como el sol. Tiene un jabalí llamado Hildisvíni (que se traduce como «cerdo de batalla») y cuatro grandes felinos que tiran de su carro. Gatos, jabalíes y aves rapaces son símbolos clave para ella. Óðr es su marido (lo que hace que cueste diferenciarla de Frigga, ya que este nombre es bastante parecido a Odín), y tienen dos hijas llamadas Hnoss y Gersemi (ambos nombres se traducen por «tesoro»).

Es una de las diosas más bellas, como demuestran los numerosos mitos en los que se exige la mano de Freyja en matrimonio como pago, algo que ella siempre rechaza. La mayoría de estos mitos involucran a Loki como instigador y personaje clave y, por esa razón, Freyja odia profundamente al dios tramposo. Freyja nos anima a seguir nuestros corazones y pasiones y a saber que hay belleza en eso.

Freyja es la independencia indulgente personificada y una gran diosa con la que trabajar cuando se desarrolla una práctica de autocuidado o un aumento del amor propio. Las ofrendas apropiadas incluyen manzanas u otras frutas frescas, pan de centeno, miel, hidromiel y chocolate. Como *vanir*, a Freyja le gustan los hermosos lugares naturales, y si la invoca al aire libre, también puede construirle un altar temporal llamado *hörgr* apilando algunas rocas, similar a un hito. Pequeñas figuras o imágenes de gatos, caballos y jabalíes también son un buen toque para un altar.

FRIGGA

Frigg (a veces se anglicaniza así), *Fri* (en sajón antiguo), *Frîja* (alto alemán antiguo) y *Fridge* (inglés antiguo)

Antigua reina del cielo indoeuropea, Frigga se sienta en el trono de los *aesir* con su marido, Odín, como la primera de las *asynuir*, o altas diosas. Diosa de la tierra en el panteón nórdico, gobernaba específicamente la tierra bien labrada. Su nombre puede interpretarse en el sentido de amor, placer, amado, amante o esposa. A menudo se la representa vestida de blanco, azul oscuro o gris, con un cinturón dorado de llaves que señala que es la dueña de la casa. El papel de Frigga en la mitología es simbólico del papel de las esposas en la antigua sociedad nórdica. Mientras sus maridos estaban de viaje, el manejo de la casa quedaba en sus manos. Eran fuerzas de paz que hablaban diplomáticamente con los invitados de su casa. Eso, y su papel de tejedoras de su hogar les dio el nombre de *fridowebban*, que se traduce como «tejedoras de paz».

Es bien sabido que tiene el don de la profecía, sin embargo, es bastante reservada y no le cuenta a la gente sus visiones con frecuencia. Es la guardiana de las llaves, los secretos, los impuestos, los tesoros y los registros. Frigga es famosa no solo por tejer textiles sino también por hilar las nubes en el cielo. Ella está conectada con la magia de seiðr, y hay antiguas imágenes del siglo XII de ella montando un huso (un telar ideado para hilar fibras, así como magia seiðr) como si fuera la escoba de una bruja.

Vive en Fensalir en Asgard (también conocido como Salón de la Niebla, Salones del mar o Salones del pantano), que la conecta con la tierra, el cielo y las aguas del mundo. Es la madre de Baldur el Hermoso y Hod el Ciego. A pesar de ser esposa de Odín, al igual que el Dios Colgado, Frigga probablemente tenga relaciones extramatrimoniales (incluso con sus hermanos Vili y Ve, si hay que creer en Loki).

La constelación cinturón de Orión se conocía con distintos nombres; algunos lo vieron como el barco de un pescador, mientras que otros la llamaron «el huso de Frigg», en honor a su bastón mágico.

Amable, reconfortante y con un corazón cálido, Frigga con su magia silenciosa y su poderosa autonomía la convierten en una poderosa aliada divina.

Humilde y con los pies en la tierra, Frigga le guiará para encontrar la energía fundamental. Su cuidado por el hogar y la chimenea la convierten en un excelente espíritu hogareño, y puede dejarle ofrendas en la cocina mientras prepara la comida. Los tilos son sagrados para ella, así que medite junto a sus raíces para canalizar su sabiduría. Puede invocar su nombre para ayudar a guiar cualquier adivinación mágica, ya sea con un péndulo, adivinación con agua, runas o cualquier otra forma. Déjele ofrendas de aceite de linaza, manzanas, cebada, avena, albóndigas o tortitas para mostrarle su agradecimiento. Su nombre se puede ver en inglés moderno en la palabra *Friday* (viernes), y los rituales para honrarla o contactarla se realizan mejor en este día.

SKADI

Skaði (nórdico antiguo), y a veces anglicanizado como *Skade* o *Skathi*

Hija de un *jotunn* llamado Thiazi, Skadi entra en el panteón nórdico después de que su padre secuestre a Idunn (consulta la página 105) y es asesinada cuando Loki rescata a la diosa. Skadi exige que los *aesir* le paguen una *weregild* (compensación por asesinar a un miembro clave de su hogar). Los dioses acuerdan compensarla con un marido *aesir* y haciéndola reír a pesar de su dolor después de verla fruncir el ceño mientras admira tímidamente a Baldur. Hacen un juego con el weregild por el que le permiten elegir un marido *aesir* mirándoles los pies. Termina casándose con el padre de Freyja y Freyr, Njörðr. Se la considera miembro de los *aesir* después de que los dioses le pagaran el *weregild* de esta manera.

Skadi es la diosa nórdica de la naturaleza, la caza, el esquí, los lobos y el invierno. Sus dominios más metafísicos son la independencia, la sabiduría, la venganza, la justicia y la resolución de conflictos.

Se la representa frecuentemente con esquís o raquetas de nieve y se siente como en casa en la montaña y en la nieve.

Aunque estuviera felizmente casada con Njörðr, descubre que no es feliz viviendo en su salón junto al mar, y se divorcian amistosamente cuando queda claro que su matrimonio no funcionaba. Se pensaba que aquellos que morían en la naturaleza podrían ser reclamados por Skaði en la vida después de la muerte.

A Skadi le gustan todas las cosas salvajes. Deja sus ofrendas fuera de los caminos trillados de mechones de pieles y plumas que encuentre. Grite su nombre desde las cimas de las montañas cuando se sienta angustiado. Recoja nieve de la primera nevada y déjesela en un altar como ofrenda. También es bien recibido un regalo de bayas silvestres o compradas en el mercado de agricultores. Si tiene ira en su corazón, pero desea separarse en términos amistosos de la persona que le ha hecho daño, invoque a Skadi mientras hace un ritual de corte de cordón. Escriba su nombre y el de la persona con la que ya no desea estar asociado en dos velas negras. Ate una cuerda a la misma altura en cada vela sobre una superficie resistente al calor y enciéndalas ambas al mismo tiempo. El cordón se corta cuando la llama se apaga. Deje que las dos velas se consuman hasta la base (pero nunca deje velas encendidas desatendidas).

HEL

Hel (nórdico antiguo), *Hela* (anglicanizado), *Helan* (sajón antiguo e inglés antiguo), *Haljō* (protogermánico, «sitio oculto»)

A menudo representada como una niña, la mitad de Hel está muerta y en descomposición, mientras que la otra parece mayormente viva, aunque no un poco pálida o azul. Hel, la única hija de Angrboda y Loki, es rescatada de Jotunheim a petición de Odín cuando escucha una profecía que dice que los hijos de Loki provocarán la ruina de Asgard. Él convierte a Hel en gobernante de Helheim y considera a Asgard segura con ella confinada en el reino que lleva su nombre.

En Helheim, come de un plato llamado Hambre con un cuchillo llamado Inanición. La entrada de su salón se llama Tropiezo. Lecho de enferma es el nombre de su cama y La desgracia cubre sus ventanas. Mientras esta deprimente descripción hace que Hel y Helheim parezcan un objeto de veneración improbable, piensa que al morir, se pensaba que ser ensangrentado en batalla conducía a la vida más honorable después de la muerte, aunque mucha gente común todavía moría por causas menos «nobles» e iban a Helheim.

Algunas personas la consideran una diosa empática a pesar de su papel en el Ragnarok porque muchos de los muertos iban a sus dominios, pero a ella le daban muy poco para apoyarlos en la vida después de la muerte. Junto con los muertos, Hel es una campeona invisible de los desvalidos.

Uno podría preguntarse quién querría rendir homenaje a una diosa tan aterradora, pero como señora de aquellos que murieron por vejez o enfermedad, probablemente tenga los espíritus de cualquier amigo y familiar fallecido. Cualquier tiempo pasado en un cementerio es un tiempo pasado con quien gobierne el inframundo. Le podrían gustar las ofrendas de huesos secos y blanqueados o de insectos muertos. Déjele una copa de vino tinto en su mesa para ganarse su favor. Deseche el vino en su jardín, en un cruce de caminos o como lo haría normalmente.

IDUNN

Iðunn (nórdico antiguo) y a veces anglicanizado como *Idunn, Idunna, Ithunn* o *Ydun*

Idunn es la diosa de la juventud, la suerte y la fertilidad. Guardiana de las manzanas doradas que otorgan juventud a los otros *aesir*, canaliza su poder en la fruta para mantener a los *aesir* en forma para la lucha. Sus manzanas recuerdan a las doradas del huerto de Hera de la mitología griega y al mito de la creación del cristianismo con Adán y Eva.

Idunn solo aparece en dos poemas: uno en el que Loki la secuestra por Thjiazi (un *jotunn* padre de Sakdi que amenaza a Loki) y en Lokasenna, en el que Loki reta a su marido. Está casada con Braggi, el dios de la poesía y la canción. Cuando su marido es atacado verbalmente por Loki, es la única de los dioses en Asgard que intenta resolver la situación diplomáticamente. Es amable, modesta y gentil.

Ninguna manzana es comparable a la de Idunn, de todos modos, ella agradecería que se las ofrecieran. Como diosa de la juventud y el rejuvenecimiento, las semillas y plantas de semillero también son una oferta adecuada para ella por su capacidad de crecimiento. Llámela a su lado cuando necesite la bondad o la fuerza de su juventud.

RAN

Rán (nórdico antiguo, «ladrón»), *Ran* (anglicanizado)

Ran es la diosa del mar y forma parte de las asynjur, es decir, las altas diosas de Asgard, aunque no suela estar entre ellas en las eddas. Ran suele ser mencionada en kennings más que como una participante activa en la poesía escáldica. Igual que ocurre con el fondo del mar, sabemos muy poco sobre ella.

Es la esposa de Ægir, también dios del mar. Mientras él a menudo es retratado como un mar tranquilo y benévolo con vientos favorables para los marineros, Ran es el lado más frío, más cruel y francamente peor del mar. Algunas fuentes la describen como un puerto seguro para los marineros perdidos en el mar y otras la representan más como una sirena que atrapa a los marineros en su red, que caen por la borda y se ahogan. Ran y Ægir tienen nueve hijas que son nueve olas (y también potencialmente madres de Heimdallr).

Conchas marinas, agua salada y espinas de pescado son ofrendas agradables para Ran. Las lágrimas son saladas, así que cuando sienta un cambio de marea emocional en su interior, invoque su nombre para ayudarle a superarlo. Dele regalos para ganarse su favor en viajes largos, especialmente si se trata de trayectos sobre grandes cuerpos de agua.

SÓL

Sól (en nórdico antiguo), *Sunna* (alto alemán antiguo), a veces anglicanizado como *Sol*

A menudo conocidos como los Dioses Brillantes, Sól y su hermano, Máni, son deidades antiguas del sol y la luna. Una estatua de una bella mujer montada en un carro con cruces solares para las ruedas arrastrando el sol sobrevive como reliquia de la Edad de Bronce nórdica. Muestra que el culto solar era importante para los primeros pueblos nórdicos. Esta temprana diosa del sol es la precursora de Sól. Se menciona que es *asynjur*, pero rara vez se la representa entre ellas.

Rudolf Simek, un erudito religioso austríaco, observó que el cúmulo de estrellas Híades podría haber parecido la boca de un lobo que se come el sol a su paso cada año. Su nombre, *Ulf's Keptr*, significa «fauces del lobo». El paso exitoso del sol a través de las estrellas en forma de V cada año simbolizaba que el Ragnarok se posponía un año más.

Sól no siempre fue la diosa del sol. Su padre intentó casarla con alguien llamado Glen, cosa que ofendió a los *aesir* por alguna razón. Para castigarla tanto a ella como a su padre, los *aesir* la enviaron al cielo para que guiara el camino del sol. También hay descripciones vívidas de ella siendo perseguida por el cielo por el lobo Sköll, que se traduce como «traición» o «burla». Hay varios mitos donde se menciona robar el sol para su belleza, y en algunas traducciones de textos antiguos, ella está presente cuando se construye el muro alrededor del Asgard. El Ragnarok comenzará una vez que el lobo la alcance y la consuma.

Girasoles, miel, cera de velas y cualquier cosa que brille o resplandezca serán ofrendas bienvenidas por parte de Sól. Su nombre se puede ver en inglés moderno como Sunday (domingo), y los rituales para honrarla o contactarla se realizan mejor en este día o al mediodía, cuando descansa en su punto culminante en el cielo.

LOS CONJUROS MERSEBURG

Los conjuros o encantamientos Merseburg son antiguos cánticos anteriores a la época en la que se escribieron las *eddas*. Su fuente original está escrita en alto alemán antiguo y fue descubierto por los hermanos Grimm. Sin duda, está mucho más alineado con el folklore estrictamente alemán. Sin embargo, el conjuro original utiliza la versión en alto alemán antiguo de varios dioses y diosas clave de la mitología nórdica, convirtiéndolos en parte de la misma tradición mágica. Cuando sienta cualquier tipo de dolor, reescriba este poema en algo que se adapte a sus necesidades. Entone un cántico con él nueve veces cuando se sienta eclipsado por el sufrimiento. El segundo conjuro de Merseburg es el siguiente:

Como un esguince de huesos, así es un esguince de huesos
Como un esguince de articulaciones, así es un esguince de
articulaciones
¡Hueso a hueso,
sangre a sangre,
articulación a articulaciones, que se unan!

El conjuro original se usaba para curar esguinces o huesos rotos, pero puede revisarlo para convertirlo en un encantamiento para curar las cosas que le afligen. Por ejemplo, si está sufriendo un dolor de corazón, entone un cántico con esta versión modificada del conjuro de Merseburg:

Como corazón roto, corazón tan roto
Como contacto perdido, contacto tan perdido
Corazón a corazón
Amor a amor
Ruptura a ruptura
Que se unan las piezas.

LAS NORNAS

Las nornas son un grupo de diosas formado por tres *jotnar* femeninas
(o un grupo de seres parecidos a los *aesir* y criados por *jotnar*). Estas
tres diosas inmensamente poderosas cuidan la raíz de Yggdrasil, el árbol del mundo, que descansa en Asgard, el hogar de los *aesir*. Sus orígenes pueden cambiar un poco de una historia a otra. Algunos mitos los
cuentan en la sopa primordial antes de Ymir y su vaca sagrada. Otros
mitos sugieren que las tres son hermanas que vinieron del mar. Se dice
que participaron en la escritura de las leyes cósmicas y que escribieron las primeras runas antes incluso del Padre de Todos Odín. Residen
en el Pozo de los Orígenes (o Pozo de Urdr) donde la raíz de Yggdrasil
alimenta el árbol. Todos los días lavan las raíces con agua del pozo y las
reparan con barro y arcilla, una antigua práctica agrícola que protegía
a las plantas de las plagas. Urdr y Verdhandi también tallan runas en el
árbol como forma de cuidarlo.

Se cree que Urdr es la norna original de la mitología nórdica y que
Verhandi y Skuld se añadieron posteriormente bajo la influencia del
panteón griego. Urdr, Verhandi y Skuld son como las tres Parcas griegas
(tres hermanas en la mitología griega que representaron el pasado,
el presente y el futuro) tanto en el nombre como en algunas de sus

responsabilidades clave. Tejen y hacen girar el destino de los seres vivos, tanto si son dioses como enanos, gigantes o humanos.

Al igual que ocurre con sus homólogas griegas, el telar también es un símbolo de las tres nornas y sus dominios del pasado, el presente y el futuro. Todas las nornas aparecen representadas: Urdr por la tela que ya ha sido tejida, Verhandi por la sección de hilos que se convierten en tela y Skuld por el área del telar que queda sin tejer. Otros dioses y diosas a menudo las consideran molestas, ya que preferirían hacer cualquier cosa menos lo que el destino les depara. Los *aesir* discuten todos los asuntos importantes en el Pozo de Urdr.

Algunas tradiciones reconocen a unos espíritus también llamados «nornas» que asolan a los humanos con desgracias o les otorgan suerte y buena fortuna. Consulte la página 77 para ver el apartado sobre los espíritus nornas en cosmología espiritual.

URDR

Urdr, también llamada *Urðr, Urd* o *Urth*, es la norna del pasado. Urdr se traduce libremente como «orígenes» en nórdico antiguo. La traducción más común de su nombre es «lo que es», pero otras traducciones han afirmado que significa «pasado», «destino», «origen» o «comienzo». Algunos textos anglosajones se refieren a ella como

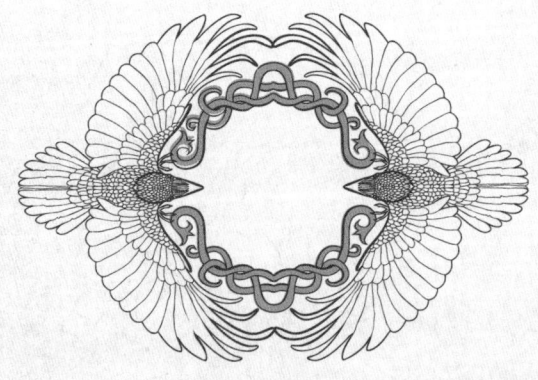

Wyrd, que significaba «suerte» o «destino». Como conocedora de la historia de todas las cosas, teje la red de Wyrd, que dicta los patrones del pasado y la forma en que todo se conecta entre sí. Ella es la maestra del Pozo de Origen en Asgard, donde viven todas las demás nornas.

Algunos plantean la hipótesis de que Urdr es el narrador en primera persona del poema épico Voluspa, que es el primer poema de *La Edda poética* y el «comienzo» de la mitología nórdica. Esto significaría que ella es una entidad poderosa que surgió antes del comienzo del mundo. Independientemente de si fue la narradora o no de Voluspa, sin duda, es mayor y más sabia que las otras dos nornas. Algunos mitos la muestran tomando té con Odín, lo que representa la enorme importancia de conocer el pasado.

VERDHANDI

Verdhandi, llamada a veces *Verthandi* o *Verdandi,* es la norna del presente. Su nombre generalmente se traduce como «lo que está sucediendo», pero también se puede traducir por las variaciones «a punto de suceder», «convirtiéndose», «siendo» o «sucediendo ahora». Ella y Urdr tallan marcas en las raíces de Yggdrasil como símbolo de que el futuro está moldeado por el pasado y el presente. Para cualquiera que adivine con runas, buscar conectar a Verdhandi y conectarse con el momento actual a menudo resultará en lecturas más precisas.

SKULD

Skuld es la norna del futuro y la más misteriosa de las tres. Aunque su nombre se traduzca principalmente como «deuda», otras versiones son «culpa», «necesidad» y «lo que debe el futuro», que se usan en menor medida. Si bien Skuld es la norma del futuro y busca guiarnos hacia la acción adecuada, sigue siendo responsabilidad del individuo crear su propio presente y futuro. Que Skuld sea un misterio es intencional ya que el futuro también lo es.

MITOLOGÍA NÓRDICA

Un mito es una historia sobre entidades divinas que realizan actos increíbles destinados a enseñar algo profundo a las personas que los consumen. Las leyendas son muy parecidas, pero a menudo involucran a personas reales y tienden a ser más realistas que fantásticas. También suelen tratar de héroes populares que se basan libremente en una persona real con algunos elementos mágicos incorporados. Como se mencionó anteriormente, *La Edda poética* se divide en poemas mitológicos y poemas heroicos. Dichos poemas nos ayudan a conocer a los dioses, además de enseñarnos aspectos de la vida y los valores nórdicos antiguos. A continuación, verá unas nociones generales de los mitos nórdicos más importantes que le ayudarán a desarrollar una comprensión básica de esta mitología.

EL MITO NÓRDICO DE LA CREACIÓN

De acuerdo con la mitología nórdica, una vez hubo dos reinos de fuego y hielo y muy poco más. El Ginnungagap, el espacio entre mundos también conocido como el «abismo enorme», abarcaba el espacio entre Niflheim (un mundo frío de niebla y hielo) y Muspelheim (un mundo de fuego y calor implacables). Una cálida brisa de Muhechizosheim recorrió el abismo enorme y empezó a derretir el hielo de Niflheim. Del agua salieron las primeras *jotunn* de la escarcha, Ymir y la vaca

Audhumla (también vista como *Auðumla* o *Auðumbla* en nórdico antiguo). Audhumla lamería el hielo salado y su leche alimentaría a Ymir. Audhumla lamió la escarcha durante tres días y, de esta forma, Buri (el abuelo de Odín) y sus hermanos escaparon del hielo. Mientras el aire cálido de Muspelheim continuaba, a Ymir le sudaban las axilas y los pies. De su sudor nacieron los *jotnar* y los gigantes de la escarcha, entre ellos la madre de Odín, Bestla; el hijo de Buri, Burrm; y los tres hijos de Bestla: Odín, Vili y Ve.

Durante todo este tiempo, Ymir solo se permitió alimentarse de la leche de Audhumla, pero los tres hermanos no tenían nada más para comer en el abismo enorme y cada vez tenían más hambre. No había espacio para que crecieran ni forma de prosperar. Desesperados y disgustados con esta realidad, conspiraron contra Ymir y lo mataron por su codicia. Vieron esto como una necesidad, ya que no había nada más con qué sobrevivir e Ymir no les había permitido beber la leche de Audhumla.

Cuando lo mataron, la sangre de Ymir produjo una inundación que mató a todos menos a uno de sus hijos gigantes de la escarcha. Una vez que la inundación se calmó, se convirtió en lo que conocemos como el océano. Odín, Vili y Ve continuaron usando el cuerpo de Ymir

para construir el mundo en el Ginnungagap. Su cuerpo se convirtió en el suelo debajo de nosotros, sus huesos formaron las montañas y su cerebro se convirtió en las nubes. Su cráneo protege Midgard mientras el cielo está sostenido por cuatro guardianes enanos (Austri, Vestri, Norðri y Suðri) en los puntos cardinales de este, oeste, norte y sur. Por último, sus pestañas se colocaron como una valla alrededor del Midgard (traducido libremente como «recinto intermedio») para mantener alejados a los demonios de Muspelheim o a los enojados gigantes de la escarcha de Niflheim.

Así, el Ginnungagap se llenó y se creó un hogar para el hombre. La moraleja de esta historia es advertir a las personas del poder contra la codicia innecesaria e implacable. Se cuenta en la sección Gylfaginning (también conocida como «La alucinación de Gylfi») de *La Edda prosaica*.

ASK Y EMBLA

Una vez que la marea de sangre de Ymir disminuyó y se construyeron los muros sobre Midgard, Odín, Vili y Ve se encontraron explorando el nuevo mundo que habían creado. Apreciaron su belleza pero quedaron sorprendidos por lo vacío que estaba. Buscaron sin éxito alguna señal de vida que pudiera haber dejado el cuerpo de Ymir.

Un mundo no es tal hasta que alguien vive en él, así que crearon a alguien. A dos personas. Mientras deambulaban por las extensiones, encontraron dos trozos de madera flotante a lo largo de las orillas del océano. Un tronco de olmo y otro de fresno chocaban suavemente en la playa. Odín y sus hermanos tomaron los dos troncos y los pusieron en vertical sobre la arena, igual que la postura de una persona que está de pie. Odín sostuvo las ramas de los troncos y les insufló vida.

Vili miró los troncos y pensó que no podrían apreciar el maravilloso mundo que les habían dado si simplemente estuvieran vivos y atrapados en esta playa. Otorgó a aquellas dos personas de madera flotante conciencia, inteligencia, ambición, impulso y la capacidad de moverse de forma independiente.

Ve miró a los troncos que rápidamente se estaban convirtiendo en personas y añadió detalles magníficos. Del tronco de fresno (que los nórdicos consideraban una madera sólida para una lanza que no se agrieta cuando se talla), surgió una forma masculina. Del tronco de olmo (un árbol de madera dura que se mecía y estaba destinado a ser las tablas de un barco o las vigas de una casa), surgió una forma femenina. Les dio oídos para oír, ojos para ver y labios para hablar.

Los últimos regalos de Odín, Vili y Ves a estos nuevos humanos fueron ropa para abrigarse y nombres con los que podían llamarse entre sí: Ask al tronco de fresno y el primer hombre y Embla al tronco de olmo y la primera mujer. Si te preguntas por qué a Odín se le dio el nombre de El Padre de Todos, no busques más. Toda la vida de Midgard puede encontrar sus raíces en él. (Consulta más sobre Odín, El Padre de Todos, en la página 84.)

LAS MURALLAS DE ASGARD

Los *aesir* a menudo sentían que no tenían nada de qué preocuparse cuando Thor estaba allí. Él era su protector y le encantaba usar su martillo, Mjolnir, para ahuyentar cualquier peligro que pudiera acecharlos. Pero Thor también buscaba peligros, cruzando frecuentemente los reinos para cazar gigantes y troles, y los *aesir* acordaron que debían construir una muralla para no tener que depender siempre de la protección del Dios del Trueno.

Un desconocido se acercó a los *aesir* mientras Thor estaba fuera y les dijo que podía construir un muro impenetrable que no podría ser saltado por gigantes ni derribado por troles. Dijo que podía construirlo

en tres estaciones y exigió que le pagaran con tres regalos: el sol, la luna y la mano de Freyja en matrimonio. Los dioses deliberaron y Freyja obviamente protestó. Loki los convenció de que si negociaban el trato correctamente, obtendrían la mayor parte de un muro impenetrable gratis, sugiriendo que el desconocido lo construyera en una estación sin ayuda, y que, de no cumplirlo, no recibiera ninguno de los tres pagos. Los dioses estuvieron de acuerdo en que esta opción era ideal y Loki les aseguró que no perderían la apuesta.

El constructor aceptó el trato con la condición de usar su caballo, Svadilfari, para transportar las piedras necesarias para el muro. Los dioses hicieron un voto inquebrantable y el desconocido se puso a trabajar. Enseguida se dieron cuenta de que este y el caballo eran mucho más fuertes de lo que se habían imaginado, y cuando el invierno llegó a su fin, los dioses comenzaron a pensar que tal vez terminaría a tiempo. Los dioses se volvieron a reunir y Freyja, que había detestado aquella idea desde el principio, declaró que si se la llevaban, quería que mataran a Loki antes de que ella partiera por haberlos puesto a todos en aquella situación.

Loki les aseguró que el desconocido no terminaría y, con una fuerte sugerencia de Odín, se transformó en una hermosa yegua castaña para hacer que Svadilfari no transportara las últimas piedras para la obra. Sin la ayuda de su caballo, el constructor no pudo terminar la muralla.

Tildó a los *aesir* de mentirosos y tramposos mientras estos se regodeaban por haber ganado la apuesta. Posteriormente, el desconocido se transformó en un gigante de quince metros que amenazó a los *aesir* con las rocas de la pared. Thor regresó y lo mató antes de que pudiera hacerle algún daño. Durante un tiempo, nadie vio a Loki hasta que regresó con el caballo de ocho patas, Sleipnir, que presentó a Odín como regalo para hacer las paces por su casi percance.

EL ROBO DEL MARTILLO DE THOR

El martillo Mjolnir es la posesión más preciada de Thor. Una mañana, se despertó y descubrió que había desaparecido. Cuando algo salía mal, los *aesir* pensaban que era obra de Loki, así que cuando resultó no ser así, Thor se quedó aterrorizado. En una rara muestra de ayuda desinteresada, Loki se ofreció a ayudarlo a encontrarlo. Con el uso de la capa alada de Freyja, Loki visitó a varias personas y les dijo que el martillo había desaparecido. Topó con un ogro llamado Thyrm que le dijo que había robado el martillo y lo había escondido en algún lugar donde los *aesir* nunca lo encontrarían. Thyrm estaba dispuesto a devolvérselo a Freyja como regalo de bodas si ella aceptaba casarse con él. Thor y Loki le preguntaron a Freyja si estaría dispuesta a casarse con el ogro, a lo que ella respondió furiosamente con un rotundo «No», tan fuerte que casi derrumbó la casa sobre sus cabezas.

Mientras los dos reflexionaban sobre cómo recuperar el martillo de Thor, Heimdallr ofreció una solución sabia y bastante contraintuitiva: vestir a Thor como Freyja y hacer que fingiera ser ella el tiempo suficiente para recuperar el martillo como regalo de bodas.

Todas las diosas de Asgard adornaron a Thor con sus mejores posesiones: magníficos anillos, un hermoso vestido de novia, una corona nupcial y el collar característico de Freyja, Brisingamen. El toque final fue un velo para ocultarle el rostro. Loki se transformó con facilidad en una mujer encantadora para interpretar el papel de la doncella de Freyja y los dos partieron hacia el salón de Thyrm.

El banquete nupcial y la celebración matrimonial comenzaron una vez que Thor y Loki llegaron disfrazados. Loki le ordenó a Thor que se mantuviera callado y le explicó todas las cosas extrañas que «Freyja» hizo durante la fiesta para que Thyrm creyera que no había nada raro en su futura esposa. Cuando Thyrm se preguntó cómo Freyja podía comerse un buey entero, ocho salmones (menos las espinas), tres barriles de hidromiel y todos los pasteles de la bandeja de pastelería de las damas, Loki explicó que «Freyja» había estado tan entusiasmada con su inminente boda que no había comido durante ocho días y noches. Cuando Thyrm intentó besar a «Freyja», vio inesperadamente detrás del velo los ojos enojados de Thor. Llevó a Loki a un lado y le preguntó por qué ella parecía tener una mirada asesina. Loki respondió que tenía los ojos inyectados en sangre por no haber dormido durante ocho noches de tantas ganas que tenía de casarse.

Extrañamente complacido con esta explicación, Thyrm mostró su regalo para su futura esposa. Se necesitaron varios de sus parientes para sacar a Mjolnir, y cuando Thyrm preguntó si Freyja tenía algo que decir, Thor soltó una carcajada y levantó su martillo para sorpresa y horror de todos. Luego, Thor arrasó la sala de Thyrm y mató a casi todos los habitantes. Loki recuperó su forma original y los dos volvieron a su casa de Asgard arrastrados por Mjolnir.

EL ASESINATO DE BALDUR Y EL ENCARCELAMIENTO DE LOKI

Baldur (también llamado *Balder* y *Baldr*, en algunas traducciones), era hijo de Frigga y Odín y era muy querido por casi todos los que le conocían. Era guapo, amable, cariñoso y amado, especialmente por su esposa, sus hijos y el resto de su familia. El principio del fin de la mitología nórdica comienza cuando Baldur comienza a tener extrañas pesadillas en torno a su muerte y el trágico final del mundo. Bajo el nombre de Viajante, Odín viajó a Helheim para ver si había alguna verdad detrás de las pesadillas proféticas de Baldur.

Allí, tuvo una conversación con la esposa giganta muerta de Loki, Angrboda (Angrboða en nórdico antiguo), supuestamente, una mujer sabia. Se reconocieron mutuamente y ella le dijo que su hijo pronto se uniría a la población de Helheim.

Cuando Odín regresó y se lo contó a Frigga, ella se negó a creer que fuera verdad. Pidió a todas las armas, a todas las enfermedades y a todo lo que pudiera matar a su hijo que por favor prometieran no hacerle daño nunca. Todos estuvieron de acuerdo, y los *aesir* hicieron un juego en el que golpeaban a Baldur con garrotes, objetos punzantes y otras cosas para ver cómo permanecía completamente ileso. Todos se reían excepto Loki, que lo odiaba por lo querido que era, y Hod, el hermano ciego de Baldur que se sentía excluido.

Mientras los *aesir* rompían sillas sobre la cabeza de Baldur y le clavaban lanzas, Loki se transformó en una anciana y le preguntó a Frigga si realmente había pedido a todo lo que existía que no dañara a su hijo. Frigga dijo que sí, con excepción de la planta muérdago, que parecía demasiado pequeña y joven para causar daño. La fiesta para Baldur continuaba cuando Loki volvió a su forma original y fue con Hod que estaba en su esquina. Hod le contó que se sentía excluido. Loki le dio un dardo con punta de hojas de muérdago y se ofreció a indicarle cómo llegar hasta su hermano, si quería clavárselo a Baldur como los otros *aesir*. Hod aceptó su oferta y el dardo de muérdago dio en el blanco. Baldur murió y los dioses se quedaron sin consuelo, especialmente Frigga.

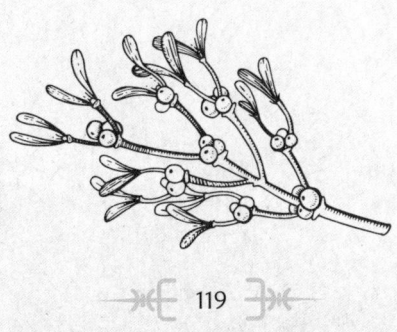

Hermóðr, otro hijo de Odín, se ofreció como voluntario para ir a Helheim e intentar recuperar a Baldur. Allí, la diosa Hel sorprendentemente aceptó liberar a Baldur si todos en Asgard y Midgard decían que lo echaban de menos. Los *aesir* peinaron los reinos y preguntaron a todos si lo extrañaban ahora que se había ido. Todos se quedaron angustiados al enterarse de la muerte de Baldur y confirmaron que efectivamente lo extrañaban. Todos excepto una anciana (que en realidad era Loki disfrazado) en una montaña que dijo que no añoraba en absoluto.

Más tarde, en un festín con todos los residentes de Asgard, los *aesir* llamaron a Loki por sus terribles hechos, por lo que este se emborrachó y los reprendió a todos. A cualquiera que intentara avergonzarlo le gritó que «se callara» y procedió a señalar todos sus defectos; sin embargo, mientras lo hacía, accidentalmente reveló que él había causado la muerte de Baldur. Entre la ira de todos contra él, Loki huyó del salón.

Los dioses buscaron a Loki y lo alcanzaron mientras estaba convertido en pez. Sin embargo, una vez que atraparon al dios tramposo, ninguno de los dioses pudo dañarlo debido a que era hermano de sangre de Odín. Independientemente de este hecho, los dioses llevaron a Loki, ahora con forma de hombre, a una cueva debajo de una montaña junto con su esposa *aesir*, Sigyn, y sus dos hijos, Narfi y Vali. Para hacer justicia por lo que Loki le hizo a Baldur y Hod, los dioses convirtieron a Vali, el segundo hijo, en un lobo ingenuo. El lobo que una vez fue Vali mató a su hermano Narfi haciéndolo pedazos antes de huir. Los dioses ataron con tanta fuerza a Loki a tres piedras usando las entrañas de su hijo muerto que apenas podía moverse.

Skadi, la diosa de la naturaleza que caza en las montañas con sus esquís, acercó una serpiente con colmillos que chorreaba veneno a las estalagmitas del techo de la cueva y la colocó sobre la cabeza de Loki.

A Sigyn, la esposa de Loki, se le proporcionó un cuenco que utilizó para recoger el veneno que goteaba de la boca de la serpiente de Skadi. De esta forma, evitó que entrara en los ojos de Loki, que estaba atado. Cada vez que el cuenco se llenaba, lo retiraba para vaciarlo. Sin la vigilia de Sigyn, el veneno gotearía en los ojos de Loki y lo haría retorcerse del dolor que haría temblar a todo el reino. Esta es la causa de los terremotos y recuerda el comienzo del Ragnarok, el fin del mundo.

RAGNAROK Y EL NUEVO MUNDO

El Ragnarok, o fin del mundo (*Ragnarök* y *Ragnarøkkr* en nórdico antiguo) representa un principio y también un final. Reconoce que la naturaleza cíclica de la vida y la muerte, los finales y los principios y la muerte y el renacimiento eran importantes para los antiguos nórdicos.

Dicho esto, el fin del mundo no es ni agradable ni fácil. Esta batalla entre los dioses (tanto *vanir* como *aesir*), los muertos (tanto guerreros honorables como residentes deshonrosos de Helheim), los *jotnar* y gigantes de fuego está liderada por Loki y sus hijos, y muy pocos de los participantes clave sobreviven. La mayoría de los dioses morirán, pero un mundo nuevo florecerá cuando el viejo se marchite y deje sitio para ello.

EL FIN DEL VIEJO MUNDO

Según la profecía, sabremos que el Ragnarok comenzará cuando Midgard experimente tres inviernos sin sol, seguidos de tres inviernos más llenos de batallas contenciosas donde los padres matan a sus hijos. La tierra temblará debido a que Loki se agitará debajo de ella, los árboles serán arrancados de raíz y se desplomarán, y las montañas se derrumbarán.

El temblor de la tierra, cuando Loki se libere, soltará las ataduras de Fenrir, el gran lobo y monstruoso hijo de Loki. Furioso con los dioses que lo encadenaron por miedo a su poder y hambre, Fenrir enviará a sus hijos (Sköll, que significa «traición» o «burla» y Hati, «enemigo» o «el que odia») a perseguir al sol y la luna respectivamente.

A medida que las montañas se derrumben en los océanos, la serpiente de Midgard emergerá y las olas de agua engullirán el mundo. Loki y su hija Hel viajarán en un barco hecho con las uñas de las manos y los pies de los muertos, con todos sus súbditos de Helheim al mando de una flota mientras primero invaden Midgard y luego atacan Asgard. Al mismo tiempo, el cielo de Midgard se dividirá y Surtr emergerá con una espada de fuego junto a las otras entidades furiosas y ardientes de Muspelheim para destruir el puente Bifrost entre Asgard y Midgard.

Las personas y criaturas de Helheim y Muspelheim librarán una batalla caótica con los *aesir* y los *vanir* de la que no saldrá ningún ganador. Parejas bien emparejadas de ambos lados del conflicto se romperán y se batirán en un duelo a muerte.

Fenrir, el lobo voraz que será liberado de sus ataduras, buscará al Padre de Todo, la persona que orquestó su encarcelamiento. Odín montará su caballo de ocho patas, Sleipnir, para luchar contra Fenrir, que se lo tragará entero. Mientras la mandíbula del lobo aún está abierta y Odín cae por la garganta del lobo, uno de los hijos de Odín, Vidar, fijará la mandíbula inferior del lobo al suelo con una bota hecha con todos los restos de tela y ropa perdidos. Dicha bota pesada por toda la ropa que la humanidad ha perdido evitará que la mandíbula de Fenrir se cierre y protegerá a Vidar mientras lo mata. Se dice que puedes contribuir al éxito de Vidar en el Ragnarok guardando tus restos de ropa.

Thor siempre ha querido luchar contra Jörmungandr, la serpiente de Midgard, y los dos lucharán hasta que esta muera. Thor cree que ha ganado y le da la espalda a la serpiente moribunda para encontrar más enemigos a los que golpear con su martillo. El acto final de la serpiente de Midgard es escupir veneno a la espalda de Thor. Los dos mueren a unos pasos de distancia.

Freyr luchará de manera impresionante contra Surtr, pero inevitablemente sucumbirá a la espada llameante de su oponente, ya que intercambió su propia espada para lograr casarse con su esposa. Surtr, aunque vencedor en este duelo, todavía albergará un horno de ira interno que lo quema desde dentro a fuera. Sus llamas quemarán los restos de Asgard y Midgard antes de destruirlo por completo.

En las ruinas humeantes del campo de batalla, con los otros héroes de Asgard y enemigos de Muspelheim y Helheim derrotados, Loki y Heimdallr lucharán y se matarán entre sí.

Varios hijos de los dioses y *aesir* menores sobrevivirán. Los hijos de Odín y Thor (con los hijos de Thor ayudándose unos a otros, empuñando su característico martillo) sobrevivirán y comenzarán a reconstruir los nueve reinos con un Baldur resucitado bajo la luz de la hija de Sól, el nuevo sol. Junto a estos Los dioses y las diosas, sobreviven dos humanos: Lif y Lifprasir (cuyos nombres se traducen por «vida» y «amor por la vida»).

CAPÍTULO 6

TROLLDOM: LA MAGIA POPULAR NÓRDICA

El misticismo nórdico del que se ha hablado hasta ahora comenzó a desvanecerse con el proceso de cristianización en Escandinavia; la propia magia disminuyó, pero no llegó a extinguirse. Es un error común pensar que la iglesia eliminó por completo la magia y la brujería. Por el contrario, muchos obispos y cardenales de la iglesia católica fueron ávidos practicantes de magia de grimorio durante la Edad Media y el Renacimiento. La magia popular nórdica ha sobrevivido hasta nuestros días en forma de *trolldom*, adaptándose a las cambiantes influencias culturales. Este capítulo proporcionará una introducción básica a la *trolldom*, su historia y sus métodos.

HERRAMIENTAS Y MÉTODOS BÁSICOS

Aquellos que dominan las tradiciones de la *trolldom* se llaman *trollcunning*, que significa «conocedor de espíritus» en sueco (a veces también llamado *trollkunning*). Muchas de las prácticas básicas de esta magia le resultarán familiares, ya que conservan algunas características que vimos en la magia nórdica del capítulo dos (*véase* pág. 26). La *utiseta*, que se traduce como «sentarse afuera» en nórdico antiguo, consistía en sentarse a la intemperie toda la noche para comulgar con los espíritus. Hoy en día, todavía hay quien la practica, generalmente en lugares de poder en la naturaleza que son específicos de cada individuo. Con el tiempo, se pueden recolectar en dichos sitios objetos como ramas, piedras y huesos para que sirvan como herramientas en los encantamientos. Cuando se lanzan hechizos, la dirección norte se trata como el origen de las influencias negativas, mientras que el sur es la dirección de las positivas. Se considera que el jueves es el día más poderoso para hacer encantamientos.

EL LIBRO NEGRO

Los *trollcunnings* suelen escribir sus propios hechizos, que guardan en un *svartebok*, o libro negro. Muchos cuentos populares antiguos en Escandinavia hablan de laicos no iniciados que abren dichos libros y quedan maldecidos o invocan accidentalmente al diablo, lo que probablemente refleja tanto la fuerza de la fe en los textos como los esfuerzos de la iglesia por evitar su uso. En el siglo XVII, este término aparecía en todos los libros de hechizos, incluidos los textos de grimorios importados de otros países europeos.

Actualmente, los *trollcunnings* pueden utilizar cualquier tipo de cuaderno a modo de libro negro. Se emplea solo para registrar los encantamientos y las instrucciones para los hechizos, pero no para notas generales ni teoría mágica. Se considera que la palabra escrita tiene un gran poder en la *trolldom*, por lo que el libro debe ser respetado y ampliado con el tiempo para aumentar su magia. Los ejemplos históricos de libros negros incluyen encantamientos escritos en alfabeto rúnico, hebreo, griego, latín, y otras lenguas, además de la lengua materna del autor. Los practicantes modernos también podrían escribir en un código o alfabeto mágico para mejorar su privacidad.

SILENCIO Y SECRETISMO

Un aspecto único de la *trolldom* es la creencia de que los hechizos pierden su poder cuando se comparten con alguien. Por esta razón, los *trollcunnings* se esfuerzan por mantener la privacidad y el secreto en su práctica. Para aquellos de nosotros acostumbrados a practicar hechizos de los libros de brujería disponibles hoy en día, esto puede parecer un desafío, ya que hace que cualquier hechizo de *trolldom* que encuentre carezca potencialmente de valor. Sin embargo, los hechizos de los libros negros históricos y las clases modernas de *trolldom* todavía sirven como ejemplos valiosos para aprender a escribir hechizos.

Para cumplir con esta regla, los *trollcunnings* suelen lanzar hechizos en privado o susurrar sus encantamientos en voz baja cuando están cerca de los demás. Las inscripciones escritas para talismanes y otros objetos mágicos pueden ocultarse dentro de una bolsa para mantenerlas en secreto. Los practicantes de hoy creen que los mentores pueden transmitir hechizos a sus estudiantes, con lo cual, ceden el hechizo y transfieren toda su magia al destinatario.

USO DE LA VOZ

La *trolldom* es similar a la magia nórdica *galdr* (*véase* pág. 30) porque atribuye un gran poder a las palabras, tanto escritas como habladas. Por lo tanto, poca magia sucede en esta tradición sin que se digan los hechizos en voz alta. Estos encantamientos se denominan «fórmulas trol» y están registrados en el libro negro del *trollcunning*. Si bien hay que tener en cuenta la importancia de mantener las fórmulas en secreto, los practicantes deben esforzarse por desarrollar confianza en el uso de su voz para acumular energía y dirigir el poder de los hechizos. Dependiendo del propósito, los hechizos pueden susurrarse, entonarse como cántico, cantarse o incluso gritarse.

Los principiantes también deben tomarse muy en serio la cuestión de qué decir o qué preguntar al hacer magia. Diga lo que quiera decir realmente, pida lo que quiera de verdad y cumpla su palabra cuando diga que hará algo. Aquellos que no son claros en sus peticiones o no mantienen un compromiso verbal con los espíritus obtendrán malos resultados en su trabajo.

ANIMISMO

La *trolldom*, como muchos sistemas de magia populares en todo el mundo, emplea una perspectiva animista. El animismo es una cosmovisión que considera que todas las cosas tienen un espíritu, incluidos los animales, las plantas, los objetos, los lugares y los fenómenos naturales como las tormentas. Si bien esta perspectiva está viva y vigente en muchas culturas hoy en día, aquellos que hemos sido influenciados por el monoteísmo y el materialismo científico necesitamos algo de tiempo para acostumbrarnos. Aún así, el animismo puede proporcionar un cambio radical en tu práctica mágica o espiritual.

Consideremos, por ejemplo, el acto de lanzar un hechizo. Cuando empezamos a pensar de forma animista, nos damos cuenta de que nunca trabajamos realmente solos; los espíritus del lugar en el que trabajamos, los materiales y herramientas que utilizamos (como hierbas, piedras y varitas) e incluso los espíritus ancestrales conectados a nuestro cuerpo participan en la magia con nosotros. Al reconocer a estos espíritus y pedirles su ayuda, sus hechizos pueden volverse más efectivos. Por lo tanto, cuando decimos que la *trolldom* es animista, también decimos que es altamente colaborativa.

TRABAJO DE CURACIÓN

Las tradiciones mágicas populares como la *trolldom* vienen de antiguo. La magia se usaba a menudo para abordar problemas que hoy resolvemos con otros medios, como curar enfermedades y lesiones. Si bien nunca recomendaría que la magia reemplace un tratamiento médico, la curación mágica aún se puede emplear para abordar aflicciones o desequilibrios espirituales.

Los hechizos de *trolldom* para curar se llamaban *bota*, que significa «curar» o «arreglar» en sueco. Se empleaban objetos o materiales encontrados en la naturaleza para desprenderse de maldiciones que dañaban a una persona. Por ejemplo, se podía frotar una mecha de algodón nueva sobre una herida y luego quemarla en una lámpara de aceite; el *troll-cunning* podría emplear una piedra hechizada para curar, o se cortaban hierbas mágicas del suelo, con tierra y todo, para alejar la aflicción.

Los libros negros históricos también contienen muchas fórmulas para eliminar el mal de ojo. Se creía que este tipo de maldición era bastante común y que podía ser lanzada incluso por personas sin entrenamiento mágico que sentían envidia de alguien.

TRABAJO DE PROTECCIÓN

La protección era otra inquietud común que se abordada mediante la *trolldom*. Existe una amplia variedad de fórmulas para proteger contra los peligros espirituales, naturales o provocados por el hombre. Los *trollcunnings* hacen hechizos que incluyen talismanes escritos para que la persona que busca protección los pueda llevar encima.

Algunos materiales que se encuentran en los hechizos de protección tradicionales incluyen tierra de cementerio, gotas de sangre (particularmente, sangre menstrual), piel de comadreja, trozos de tela de altar y madera de serbal. Los talismanes de protección se podían recargar dejándolos bajo el altar de una iglesia hasta que se hubieran celebrado varias fiestas o santos. Para protegerse de los espíritus, se podían colgar en la casa cuchillos especialmente forjados o cuernos de carnero. Hay fórmulas trol específicas que se empleaban para proteger al ganado de robos, evitar incendios forestales e incluso impedir que los instrumentos fueran hechizados por músicos rivales.

CUESTIONES DE AMOR

Los hechizos de amor pueden ser una de las formas de magia más universales y duraderas. Los ejemplos de estos hechizos nórdicos que han sobrevivido se parecen mucho al tipo de magia de amor que encontrarás en la tradición *trolldom*. Sin embargo, igual que algunos hechizos contienen un claro elemento coercitivo, lo mismo ocurre con muchos hechizos *trolldom* de los siglos XIV al XIX, cuyo objetivo era hacer que alguien se enamorara de quien lanzaba el encantamiento. Las brujas y los hechiceros de hoy consideran que tales hechizos no son éticos y buscan formas alternativas de magia de amor.

Además de hechizos para enamorar a alguien, la *trolldom* incluye una amplia gama de encantamientos destinados a terminar una relación o un matrimonio indeseable. Dado que muchos hechizos de amor implicaban servir comida o bebida al objetivo, aquellos que creían que estaban siendo encantados podrían ponerse una cantidad pequeña de

FÓRMULA TROL PARA LA PROTECCIÓN CONTRA EL FUEGO

Este hechizo del siglo XVII puede que hiciera referencia a la antigua costumbre nórdica de llevar al difunto por las aldeas durante un funeral:

> *Nueve hijos de Nuckander llevaron a Noren,*
> *trajeron a su madre muerta.*
> *¿Por qué cargar con una madre ya muerta?*
> *Ella oculta y esconde todas las cosas.*
> *Así como ella lo hizo, yo lo hago ahora:*
> *Ato el fuego en la chimenea.*
> *Ato la olla mientras hierve.*
> *Ato al jinete.*
> *Ato el velero.*
> *Ato las puertas de hierro, llorando sangre.*

Esto se puede modificar para audiencias más modernas tomando las fórmulas de la parte inferior del hechizo y cambiándolas para abordar problemas incendiarios comunes. Por ejemplo, para frenar los chismes incendiarios, puede utilizar lo siguiente:

> *Así como ella lo hizo, yo lo hago ahora:*
> *Ato sus palabras a sus labios.*
> *Ato la idea mientras chispea.*
> *Ato la charla dañina.*
> *Ato la lengua maliciosa.*
> *Ato los chismes, llorando mentiras.*

Escriba sus propios hechizos usando este formato. Elija su número sagrado o de la suerte y susúrrelo muchas veces en un lugar tranquilo y oscuro.

lo servido en la mano izquierda y pisarlo con el pie izquierdo (se supone que con discreción) para contrarrestar el efecto. Las mujeres jóvenes cosían semillas de peonía en los dobladillos de sus ropas para protegerse de los hechizos amorosos de los hombres. Las fórmulas troles también se utilizaron para curar el dolor de corazón para que quien lanzara el encantamiento o el cliente dejara de suspirar por un amante perdido.

EVOLUCIÓN ECLÉCTICA A LO LARGO DEL TIEMPO

Parte de las personas que leen las runas y prefieren los dioses nórdicos, al encontrarse con la *trolldom* expresan su decepción porque no parece «nórdica de verdad». Un reconstruccionista nórdico estricto (alguien que cree que la magia nórdica solo puede practicarse como se hacía en sus orígenes) defensará que solo los hechizos completamente auténticos de la tradición precristiana son dignos de su tradición. Los hechizos que mencionan a la Virgen María o incorporan letras griegas, por ejemplo, se interpretan como una corrupción de las viejas costumbres a las que los reconstruccionistas paganos buscan adherirse.

Sin embargo, la *trolldom* es una tradición viva y real que tiene sus raíces en las primeras prácticas mágicas y escandinavas; también refleja la evolución cultural e histórica de la región a lo largo del tiempo. En este apartado, se explora la historia de la *trolldom* y se examinan las influencias que han contribuido a su crecimiento.

ELEMENTOS JUDÍOS Y CRISTIANOS

Es más probable que las fórmulas de la *trolldom* invoquen a Dios, Jesús y la Virgen María que a Odín, Thor y Freyja. Aunque puede sorprender, debemos considerar el papel de la religión desde finales de la Edad Media hasta principios del período moderno, cuando se desarrolla la *trolldom*. Los primeros nórdicos probablemente recurrieran en primera instancia a los ancestros y los espíritus locales en busca de ayuda para los problemas cotidianos; la interacción directa con los dioses se dejaba en manos de hechiceras, sacerdotes y líderes de clanes. Cuando Escandinavia comenzó a convertirse al cristianismo, la Iglesia reemplazó muchas referencias a las deidades nórdicas, así, las plantas que llevaban el nombre de Freyja pasaron a llamarse María y los héroes locales que eran venerados como ancestros fueron proclamados santos. Dadas las graves consecuencias que podrían recaer sobre aquellos que todavía honraban a los dioses paganos, tiene sentido que no sean invocados con frecuencia en la magia popular que se desarrolló después de la conversión.

La *trolldom* también incluye elementos judaicos en fórmulas históricas, incluidos los salmos, el alfabeto hebreo y referencias a figuras como Abraham. Estos probablemente fueran importados a través de textos mágicos como los grimorios y por el contacto con tradiciones de magia ceremonial que habían adoptado estas prácticas con fines mágicos.

INFLUENCIAS DEL GRIMORIO

La invención de la imprenta en el siglo XV hizo posible que las tradiciones mágicas, que habían sido transmitidas de padres a hijos o a través de aprendizajes personales, se conservaran y difundieran fácilmente en forma impresa. Durante el Renacimiento, la iglesia católica continuó persiguiendo a quienes eran vistos como brujas o herejes, pero los textos mágicos estuvieron disponibles más que nunca. Se imprimieron, tradujeron y distribuyeron por toda Europa libros de herboristería árabe, adivinación geomántica, astrología y varias formas de magia ceremonial y popular, lo que condujo a un mayor intercambio cultural en lo relativo a prácticas mágicas.

Las autoridades católicas fueron particularmente permisivas con respecto a los grimorios de magia goética y teúrgica. Estos textos describían prácticas mágicas que se consideraban como una invocación del poder de Dios y sus ángeles sobre la creación, en lugar de atribuir poder mágico al mago (o a Satanás). Por lo tanto, no solo la iglesia los permitió, ¡sino que muchos sacerdotes y obispos poseían copias y usaban estos hechizos! Cuando Alemania, Suiza y Escandinavia se separaron del catolicismo en la reforma sueca, a partir del año 1527, la producción y distribución de estos textos aumentó aún más en esos lugares.

Por lo tanto, la *trolldom* estuvo en contacto frecuente con estos libros y aprendió muchos métodos y fórmulas de ellos. Elementos de astrología, invocaciones de los nombres de Dios y sus ángeles, y símbolos extraídos de círculos de invocación góticos se abrieron paso en algunos libros negros, añadiéndose a las creencias y hechizos tradicionales escandinavos que continuaron siendo la columna vertebral de la *trolldom*.

SAN CIPRIANO EL MAGO

Los svartebok, o libros negros, recibían varios nombres en Escandinavia, uno de los cuales era «Cyprianus», que significa «de San Cipriano». De hecho, se le atribuyeron muchos libros negros y grimorios que se publicaron y vendieron en Europa a partir del siglo XVII.

La leyenda de San Cipriano de Antioquía —que no debe confundirse con San Cipriano de Cartago— afirma que era un poderoso hechicero, conocido por causar problemas con sus encantamientos. Un día dirigió un hechizo de amor a una chica llamada Justina, pero ella lo bloqueó fácilmente. Sorprendido, le preguntó cómo era posible que fuera tan invulnerable, y ella respondió que por su fe católica. Posteriormente, Cipriano renunció a la brujería y se convirtió al cristianismo y llegó a ser obispo. Probablemente San Cipriano nunca existiera en la historia, pero la leyenda se hizo popular en España y Portugal, donde San Cipriano y Santa Justina eran los preferidos de los practicantes de magia. Aunque la iglesia decía que se podía rezar a San Cipriano para obtener protección frente a la magia, muchas personas creían que había reconciliado su magia y su fe y lo veían como a un hechicero santificado que podía ayudar a los vivos.

El primer *Libro de San Cipriano* se publicó en Portugal y se tradujo a otros idiomas. En Escandinavia se llegó a adoptar la costumbre de atribuir libros de hechizos al santo también, y lo verá invocado en numerosos libros negros históricos.

INMIGRACIÓN NORTEAMERICANA

Muchos (si no la mayoría) de los *trollcunnings* proceden de los países escandinavos, pero la *trolldom* llegó a América del Norte a través de la inmigración a partir del siglo XVIII. Daneses, suecos y noruegos llegaron a las colonias americanas y luego a los Estados Unidos, estableciéndose principalmente en las regiones del Medio Oeste y el Atlántico Medio. Aunque parece que estos inmigrantes buscaban asimilarse sin transmitir las supersticiones y la magia popular tradicionales a sus hijos, el mundo de la *trolldom* no se extinguió por completo. Se han archivado un número de libros negros escritos en EE. UU. y Canadá, y los folcloristas que realizaron estudios en el siglo XX registraron muchas de las historias de suecos y daneses estadounidenses empleando hechizos de protección, maldiciones y la adivinación derivada de la *trolldom*.

Unos cuantos inmigrantes de primera y segunda generación practicaban públicamente la *trolldom*, aunque rara vez la llamaban así. El psiquiatra Dr. Carl Wickland y su esposa, Anna, tenían una consulta privada en California donde trataban enfermedades mentales con una combinación de terapia médica y trabajo espiritual; Anna eliminaría los espíritus de los muertos que afligían a los clientes con la ayuda de los espíritus familiares. Otros como Carl Nilsson, Julius y Agnes Zancig, y Max Heindel encontraron el éxito comercializando sus habilidades de *trolldom* como magia goética o espiritismo durante la moda ocultista de finales del siglo XIX.

En la actualidad, se pueden hallar algunos elementos de la *trolldom* mezclados con la magia popular de los apalaches o los alemanes de Pensilvania, lo que refleja la diversa historia de la región. Mientras tanto, los inmigrantes que llegan a Escandinavia desde Europa del este, el norte de África y el sudeste asiático traen consigo sus propias tradiciones mágicas populares y estimulan nuevas innovaciones. La *trolldom* sigue siendo una tradición viva y vital de la magia popular nórdica, que nos conecta con la magia del pasado y al mismo tiempo nos brinda las herramientas para explorar un futuro mágico y emocionante.

CONCLUSIÓN

Tras explorar ampliamente la historia y el desarrollo del misticismo nórdico, espero que haya comprendido mejor el papel de las deidades y la magia en la sociedad nórdica temprana. El ciclo que adoraban los antiguos nórdicos nunca tiene fin, igual que una serpiente que se come la cola. Todavía podemos aprender de la sabiduría de los primeros pueblos nórdicos. Su cultura, mitos e historias tradicionales (aunque difieran de los nuestros de hoy día) contienen verdades fundamentales.

Hay magia a nuestro alrededor y a los dioses y diosas aún no les ha llegado la hora de la verdad. Corra por lugares salvajes, emprenda nuevas aventuras y construya un lugar acogedor al que regresar. Los espíritus de la tierra y los de nuestros queridos ancestros aún guardan secretos que susurran a quienes tienen oídos que los escuchan.

Este libro es una mera introducción a la mitología y magia del misticismo nórdico. Como muchas cosas, la mejor manera de aprenderlo es a través de la experiencia. Canalice la astucia de Odín y busque siempre nueva sabiduría. Siga su corazón salvaje como hubiera querido Freyja. Haga travesuras y cambie lo que ya no le sirva mientras guiña un ojo al dios embaucador, Loki. Manténgase fuerte y proteja aquello que le importa, entonces, el martillo de Thor estará a su lado.

Gracias por embarcarse en esta expedición en busca de nuevos conocimientos. Espero que en el futuro haga más descubrimientos.

ACERCA DE LA AUTORA

Disa Forvitin lleva toda la vida practicando tradiciones místicas y es una apasionada de la historia y la cultura. Pagana hasta la médula, lanza runas y deja ofrendas a los espíritus de la naturaleza en la zona residencial del área de Twin Cities de Minnesota, donde vive con su pareja y con un número poco saludable de libros.

BIBLIOGRAFÍA

Gaiman, Neil. 2017. *Mitos nórdicos*, Ediciones Destino, Barcelona.

Kvilhaug, Maria. 2023. *The Seed of Yggdrasill*. The Three Little Sisters, Estados Unidos.

Lecouteux, Claude. 2016. *Encyclopedia of Norse and Germanic Folklore, Mythology, and Magic*. Inner Traditions, Estados Unidos.

«Mimisbrunnr.Info» Mimisbrunnr.Info: Developments in Ancient Germanic Studies. 1 de enero de 2015, www.mimisbrunnr.info/.

«On Black Wings» On Black Wings: A Site for Fire & Ice Heathen Spirituality and Practice. 1 de enero de 2019, www.onblackwings.com/.

Paxton, Diana L. 2006. *Essential Asatru: Walking the Path of Norse Paganism*. Citadel Press, Estados Unidos.

Smith, Ryan. 2019. *The Way of Fire and Ice: The Living Tradition of Norse Paganism*. Llewellyn Publications, Estados Unidos.

Sturluson, Snorri. 2014. *The Prose Edda*. Translated by Jesse L. Byock. Penguin Random House.

Tauring, Kari C. 2018. *The Runes: A Deeper Journey*.

Teague, Gypsey Elaine. 2021. *Norse Divination: Illuminating Your Path with the Wisdom of the Gods*. Llewellyn Publications, Estados Unidos.

2014. *The Poetic Edda*. Translated by Jeramy Dodds. Coach House Books, Canadá.

ÍNDICE ANALÍTICO

 **M**  **N**  **O**

Título original: *Norse Mysticism*

© 2025 Librero b.v. (edición española)
www.librero.nl

© 2024 de Quarto Publishing Group USA Inc.

Primera edición en 2024 a cargo de Wellfleet Press,
un sello editorial de The Quarto Group,

Grupo editorial: Rage Kindelsperger
Director editorial: Erin Canning
Directora creativa: Laura Drew
Coordinación editorial: Cara Donaldson
Editora: Sara Bonacum
Lay-out: Lorraine Rath

Producción de la edición española:
Traducción: Marta García Madera
para Delivering iBooks & Design
Redacción y maquetación:
Delivering iBooks & Design, Barcelona

Distribución exclusiva de la edición española:
Librero IBP S. L.
C/ Paseo de los Olmos, n.º 20
Planta 1.ª, oficina 7
28005 Madrid, España
www.librero-ibp.es

Impreso en China
ISBN: 978-94-6499-040-9

MIXTO
Papel | Apoyando la
silvicultura responsable
FSC® C008047
www.fsc.org